中学校数学サポートBOOKS

JN042250

ICT活用を位置づけた中学校数学の授業モデル

愛知教育大学教授
GC/html5開発者
飯島康之
編著

1年

明治図書

はじめに

　GIGA スクール構想以降，各地で様々な試みが進んでいます。手ごたえとやりがいを感じている方もいらっしゃるでしょう。一方で，急激な変化に対応するのは難しいとお感じの方もいるでしょう。もっと変えていきたいのに，障壁が多いとお感じの方もいるでしょう。それは，これまでしておくべきだったのに対処してこなかったことが最大の原因であると私は感じます。しかしながら，これをきっかけにタブレットを文房具として使うことやクラウド上のシステムを使いこなすこと，あるいはネット上のリソースの活用などを前提に，学校での学びのあり方，学校外での学びのあり方，また，先生方の働き方など様々なことの変革の第一歩が，戻れない形で始まったと思います。それぞれ地に足がついた形での試行錯誤と相互理解を深めながら，10年くらいをかけて次世代にバトンタッチをしていくことになると思います。

　本書では，愛知教育大学附属名古屋中学校数学科の「今」を，皆さまにも利用可能な形で，理論的に，またそれぞれの学年・単元ごとにまとめました。それは，たゆまぬ見直しと改変の繰り返しの成果でもあります。ICT 活用を中心に，概観してみましょう。

　1990年頃，在籍されていた先生方たちは授業のあり方と授業の核になる問題と配列を見直し，カリキュラムを再構成しました。その成果の一つは，玉置崇ほか『数学の授業を感動の連続に』（明治図書，1996）です。普通教室での授業が多いですが，ICT 活用をしている授業では，コンピュータ室を使いました。

　2000年になると，授業の基本は変えませんでしたが，ICT 活用は，コンピュータ室から普通教室に変わりました。プロジェクタという大画面を共有すること，生徒の視線が集まること，黒板に投影したらチョークの書き込みが有効なことなど，いろいろなノウハウも見つけました。普通教室でコンピュータと同じようなグループに１台の学びを可能にしてくれたのは，ネットブックでした。安価な分，画面も小さいし性能も低いけど，コンピュータ室で取り組んでいたことが教室で可能で，しかもネットワークが使える魅力を実感したのでした。

　大きな変革が2010年に訪れます。iPad の登場です。ネットブックでの実践があったので，スムーズにタブレットに移行できました。それと並行して，当時の先生方はそれまでの「個人追究」と「集団追究」という２つの軸に加えて「グループでの学び合い」を入れたいと提案し，OB の先生方と議論になりました。現役は実践で納得していただくよう努力しました。常時 T 字型に机を配置し，４人で話し合える体制をつくり，必要に応じて学び合いを生かす実践を積み重ねていく中で，OB からの異論も消えました。そして，このスタイルに４人に１台というタブレットは，とても親和性があることも実感しました。

そういう学びがスタンダードとして定着したとき，コロナ禍が訪れたのです。

　3密禁止のため4人1組という学び合いができなくなりました。広域から生徒が集まる学校なので，オンライン授業をどうするかという問題もありました。大学附属の利点もありますが，それ以上に大きいのは数学科の4人の合意と協力を確立できれば，数学科としての改革をすぐに実行できる点です。実際，名古屋中学校の中でも数学科は特別で，オンライン授業も，Google Classroom も他教科に率先して取り組んできました。

　このような経過を踏まえて到達した名古屋中学校数学科の「今」をまとめたのが本書です。多数のアイデアと実践をできるだけ多くの学校でも利用可能な形で記述してみました。でも，それをそのまま取り入れれば，必ずうまくいくとは限りません。いくつもの変化を繰り返し，その経緯を踏まえた現状でもありますし，今後もきっと変わっていくからです。タブレットをはじめとする ICT は，いろいろなことに変化と影響があります。

　例えば，1人1台端末導入以降，生徒のキーボード入力のスピードはとても速くなりました。ロイロノート・スクールの使い方も変化していきそうです。先生方，生徒たち，保護者や地域・行政の相互理解や協調が不可欠です。これまで，あまりに変わらなかった分，寄せては返す波のように，何度も改変を繰り返しながら前に進むしかないのです。特に，予算などの問題も避けることはできません。タブレットはそれだけではあまり有効ではなく，クラウド上のシステムや生徒用デジタル教科書が必要です。その経費を誰が負担すべきかなどの交渉も，前進のためには必要なこともあります。彼らがタフに戦ってきた様子も読み取ってください。そして，皆さんもタフに戦ってください。

　本書の中で時々登場する GC（GC/html5）は，私が開発した動的幾何ソフト（作図ツール）です。開発から30年以上が経過しました。名古屋中をはじめとする全国の先生方に授業をしていただき，改善点を指摘していただき改良してきました。今の html5 版は iPad の登場に合わせて2010年に大きく改版したものです。啓林館のデジタル教科書の各種コンテンツの中でも使われています。

　私のサイト (http://www.auemath.aichi-edu.ac.jp/teacher/iijima/iijima.htm) には，そのサンプルがあります。本格的に使いたい方は，オンライン保存 (http://www.auemath.aichi-edu.ac.jp/teacher/iijima/gc_html5/index_online.htm) をご覧ください。無料で自由に作図・保存し，使っていただくことができます。また，GC に関する理論的・実践的なことを，拙著『ICT で変わる数学的探究—次世代の学びを成功に導く7つの条件—』(明治図書，2021) にまとめておりますので，本書に合わせてご一読いただけますと幸いです。

愛知教育大学教授　飯島　康之

CONTENTS

第1章

ICT 活用の理論と実践
全単元共通のねらいと基本姿勢

「個別最適な学び」と「協働的な学び」を意識した ICT の活用

❶ 「令和の日本型学校教育」

　令和３年の中央教育審議会「『令和の日本型学校教育』の構築を目指して～全ての子供たちの可能性を引き出す，個別最適な学びと，協働的な学びの実現～（答申）」に盛り込まれた教育課程に関係する事項について，より詳しい内容が取りまとめられた文部科学省初等中等教育局教育課程課「学習指導要領の趣旨の実現に向けた個別最適な学びと協働的な学びの一体的な充実に関する参考資料（令和３年３月版）」では，

> 　今後の教育課程の在り方について，学習指導要領において示された資質・能力の育成を着実に進めることが重要であり，そのためには新たに学校における基盤的なツールとなる ICT も最大限活用しながら，多様な子供たちを誰一人取り残すことなく育成する「個別最適な学び」と，子供たちの多様な個性を最大限に生かす「協働的な学び」の一体的な充実が図られることが求められる

とされています。

　このことから，GIGA スクール構想におけるタブレットの活用については，「個別最適な学び」と「協働的な学び」を意識した活用が求められています。また，現行の学習指導要領では，この２つの学びを一体的に充実し，「主体的・対話的で深い学び」の実現に向けて授業改善が求められています。

❷ 本書における ICT の活用のねらい

　このように「個別最適な学び」と「協働的な学び」を意識した ICT の活用が求められていますが，本書における ICT の活用のねらいについては，「協働的な学び」を中心に扱います。愛知教育大学附属名古屋中学校（以降，本校と表記します）のカリキュラムは，「それぞれの時間に扱う問題」を中心に構成しています。その問題解決を中心に授業を構成する中で，「思考・判断・表現」をさらに活性化するための手段として ICT を活用しています。

　そして，授業の進め方についても，長年協働学習を中心に問題解決型の授業を行ってきました。そのよさを継続しつつ，ICT を活用することで，共同作業をしながら解決方法を考えた

り，多様な意見を共有しつつよりよい解決方法を導き出したりする活動を発展させようとしてきました。そのため，第2章で取り上げている活用例については，「協働的な学び」を意識したICTの活用が中心となっています。

❸ 「個別最適な学び」への配慮

本校での授業での工夫は，「協働的な学び」の方に重点がありますが，「個別最適な学び」への配慮も行っています。ここで注意したいのは，個別最適な学びは，「学びの個別化」だけではない点です。令和3年の中央教育審議会答申では「個別最適な学び」を，「指導の個別化」と「学習の個性化」に整理し，生徒の自己調整学習の重要性が指摘されています。

① 「指導の個別化」

おそらく，多くの学校では授業中の問題演習を行う際，生徒の実態に合わせて問題が選択される「指導の個別化」をすることのできる教材が使われていると思います。本校でも，家庭学習において「指導の個別化」について行っており，その内容について本シリーズで取り上げている単元もあります。しかし，この「個別化」にのみ力を入れすぎてしまうと，生徒にとっては，「問題→採点→処遇」のスタイルが定着していくことにつながります。

生徒にとっては，解くことができる問題が増えていくことにつながり，やる気のアップにつながることも期待できます。一方で，暗黙のうちに「数学とは，知識・技能を習得する教科である」といった内容の強化につながることも懸念されます。デジタル教材は，生徒の「知識・技能」の習得には，とても効果があると考えています。そのため，「指導の個別化」としてのデジタル教材の利用ばかりにならないよう，うまく活用していくことが大切であると考えます。

② 「学習の個性化」

「学習の個性化」については，問題に応じて可能なものもあり，本校では各単元になるべく生徒が探究しやすい問題を設定し，情報の収集や整理・分析，まとめ・表現を行うことのできる機会をつくっています。例えば，「データの活用」の際には，単元で学習した知識を生かし，解決が多様にある問題を設定し，取り組ませています。このような問題に取り組む際，問題の解決方法を調べたり解決内容をまとめたりする場面にICTの活用を設定し，授業を展開することで，「学習の個性化」を図っています。

ICT の活用の場面について

　この後，第2章の各単元について紹介する具体例については，本校で行っているカリキュラムをもとに，他の中学校でも活用可能な例から，活用するには時間をつくって取り組まないと難しい例まで紹介しています。具体例の問題内容でなくても，使用できる場面もあるため，生徒の実態や課題に応じて活用してください。

　今回，この本で取り上げる ICT の活用方法については，主に本校の基本的な授業の流れに即して活用される4つの場面，つまり，導入場面，解決方法を導く場面，解決方法を共有する場面，生徒の考えをまとめる場面を中心にしています。さらに，それらにその他の場面を加えて5つの場面での活用をポイントとし，■，★，●，◆，▼の記号で表現しています。

❶　導入場面での活用【ICT 活用ポイント■】

❷　解決方法を導く場面での活用【ICT 活用ポイント★】

❸　解決方法を共有する場面での活用【ICT 活用ポイント●】

❹　生徒の考えをまとめる場面での活用【ICT 活用ポイント◆】

❺　その他の場面での活用【ICT 活用ポイント▼】

　そして，これらの5つは毎授業ですべて行うのではなく，各授業の問題に応じて活用のパターンを変化させています。

　それぞれの授業の場面で問題に応じて ICT を活用する場を設定し，授業を行っていくことで，生徒の理解を広げたり，深めたり，生徒自ら活動したりできるようにしていきます。

❶　導入場面での活用【ICT 活用ポイント■】

　導入での活用の目的は，問題に対しての生徒の興味を高めたり，問題の内容を理解しやすくしたりすることです。例えば，問題に関連する内容を動画で流し，その動画の内容をもとに問題を提示することで，問題解決に向けて円滑に活動させることにつながります。

　さらに，このような動画，つまりデジタルデータはこれまでの教具と比較すると保管や編集による修正も簡単で，他の先生方と共有していくことも可能になります。

　また，デジタルデータとして保管していくことは，独自の教材を蓄積してきた本校のような学校にとって，教師の働き方の改善にもつながります。そのため本校では，導入場面での活用が有効な場面の模索とデータの蓄積を行っています。

❷ 解決方法を導く場面での活用【ICT活用ポイント★】

　この場面での活用については，すべての問題に対して行えるとは限りません。例えば，方程式を解くことや文字式の計算をすることなどは，生徒自身が生徒の手で行う活動のため，ICTを活用することがかえって邪魔になるので，「使わない方がいい」のです。

　しかし，問題によっては，様々なICTの活用方法を取り入れることにより，生徒が多くの結果を確認して考えをもったり，特殊な場合を試して考えたり，必要な情報を集めたりして，解決方法の気付きを促したり，問題に対する考えをもたせたりすることができることがあります。例えば，図形の学習においては，動的幾何学ソフトウェアを使用することで，特殊な条件をもつ図形にして考えたり，自分の考えが正しいかを変形を繰り返して確かめたりする活用方法です。他には，「データの活用」の学習においては，問題解決のデータを集めるための活用はもちろんのこと，データを処理し，その結果からどのようなことがいえるかといったことを考えることまでをねらった活用方法の場合もあります。

　また，解決方法を考える場面で用いるソフトウェアについては，導入場面での活用もできることが多いです。導入場面で問題の提示としてそのソフトウェアを使い，そのまま，そのソフトウェアを生徒にも利用できるようにして取り組ませる方法です。本書においても，そのように一連して一つのソフトウェアを活用しながら，問題解決をしていく内容が紹介されています。

❸ 解決方法を共有する場面での活用【ICT活用ポイント●】

　この活用は，毎時間取り入れることができます。本校では，話合いを活動の中心にして授業を展開しています。これまでの学習において考えを共有する場合，グループ活動においては，グループ内の考えの共有が容易でしたが，全体の話合いの場においては，発表された考えのみになっていました。

　そこで，この場面の活動を向上させるため，ICTを活用していきます。ICTを活用することで，グループ内の内容だけでなく，教師の扱い方次第で，学級全体の考えを確認することができるようになるため，グループ活動で話し合う内容を向上させることにつながります。また，学級全体の考えについては，生徒が自分の考えを表現できる方法が増えるため，選択によって，これまでできなかった方法で発表をしたり，時間のかかっていた発表を短くしたりすることができるようになります。

❹ 生徒の考えをまとめる場面での活用【ICT 活用ポイント◆】

　この場面での活用は，場合によっては ICT を使わず，対話や紙の活用の方がやりやすいこともあります。しかし，学習履歴の記録やスキルの習得，また「この教室で，この時間に行う」という空間的・時間的制約を緩和していくことまで見通すと，基本的には常時 ICT を使って同じ場所にまとめ続けていくことを習慣化することが，大きな意味があると考えます。

　振り返り活動で ICT を活用することで，生徒は学習途中に活用した写真やデータ，解決方法の記述を再利用することが可能です。特に写真やデータについては，これまでのプリントなどの記述では残すことが困難なものでした。そこで，ICT を用いて振り返りを行うことで，これまで困難だった写真やデータを再利用し，プリントで行うような決まった形の振り返りだけでなく，写真を用いて内容をまとめたり，ここまで書いてきた内容をそのまま生かした振り返りをしたりすることができ，結果，生徒の考えの整理を自分のわかりやすい方法で行うことができるようになります。

　「個別最適な学び」という点においても，生徒が自ら考えて，学習内容について振り返っていく点として，授業の中では位置づけやすいと考えています。そこで，本書の中でも，問題ごとにどのような振り返りができるのかを，様々な形式で紹介しています。

❺ その他の場面での活用【ICT 活用ポイント▼】

　以上の４場面が活用していく場面となっています。しかし，問題によってはこの４場面以外にも ICT を活用することがあります。

　例えば，問題解決後に解決方法の確認のために ICT を活用することで，生徒が納得しやすい状況をつくったり，生徒の理解を深めたりすることができるようになります。他には，学習内容の定着のために家庭学習の課題を提示し，取り組ませるための ICT の活用場面もあります。これらの活用方法に関しても，課題に応じて用いており，本シリーズの中でもいくつか紹介しています。

本書の内容を支える基本活用

　第2章で，具体的な授業例という形で紹介しますが，その前に，ここでは本校で日常的に行っている取組の一端とその背景を紹介いたします。

　本校がICT化を大きく進めるきっかけとなったのは，2020年の全国一斉の休校措置でした。特に本校の場合，公立校と違って生徒は名古屋市とその周辺地区に広がっていて公共交通機関を使っていることが多いので，その対処には苦慮しました。たとえ急にオンライン授業に切り替える必要が生まれても，通常の授業形態とシームレスに活用することのできる方法を使っていこうと努力しました。

　でも，決してコロナ禍の休校措置だけでなく，それ以前からいろいろな試みがあり，その延長線上に私たちの試みがあるのもまた，事実なのです。

❶　Google Classroom を利用した板書記録の配信【ICT 活用ポイント★●◆】

　従来の学びにおいて板書は，授業中に議論をしたり，考えを深めたりする上での中心を担ってきました。ICTを活用すれば，黒板中心の授業から，タブレットの画面への書き込みやドキュメントファイルに文字として残したり，スクリーンに様々なファイルを映したりして進めていくなど，これまで行うには物理的に難しかった方法で授業を進めていくことも可能になります。しかし，これまで培われてきた板書の技術はとても優秀であり，また，ICTのためにやめる必要もないですし，むしろこれからも板書は授業の中心となるものの一つであると考えています。ただ，せっかくICT機器が気軽に使える環境が整いつつある状況にあるので，簡単なところからICTを活用していけるとよいでしょう。

　本校のノート指導に関しては，本校の指導のねらいを検討し変えていくのに応じて，変えてきた歴史があります。過去においては，生徒はノートの取り方を個々に工夫していました。板書よりもずっとわかりやすいノートを取る生徒もたくさんいました。それは，本校の生徒の学びの特色の一つでもありました。

　しかし，2010年頃に研究の中心を言語活動に変えたときに感じたのは，生徒が自分のノートに力を注ぐために，会話が活性化していないことでした。自分のためのノートに力を注ぐのではなく，友達の意見に耳を傾け，感じたこと，考えたことをその場で発言し，「集団でいるからこそ可能な学び」に力を注ぐようにしたいと思いました。そうすると，生徒の手元には授業の記録としてのノートが残りません。その代替措置として，デジタルカメラで板書を撮影し，

次時の最初に，それを印刷して「黒板プリント」として配付することにしたのです。

　しかし，黒板プリントの印刷については，基本白黒印刷での配付で，文字の色はもちろんのこと，その記述内容が潰れてしまって見えないことがありました。また，板書の内容については，生徒の発言をすべて記録していく形であり，その結果，板書も短い言葉で表したりするなど，すべてを表せない場合も出てきました。そこで，配付する黒板プリントについては，写真を撮って印刷するだけでなく，その内容をもう一度整理し，さらに必要な説明を加えたものへと変化していきました。

　そして，コロナ禍において，オンライン授業を行っていくこととなり，その形式は印刷されない形に変化していきました。印刷する代わりに行った方法が，Google Classroom を利用した配付です。Google Classroom を利用することで，生徒がその場にいなくても，前時の授業の内容をまとめたプリントを配付することができ，いざオンライン授業を行うにしても，変わらない方法で黒板プリントを配付できるようになりました。

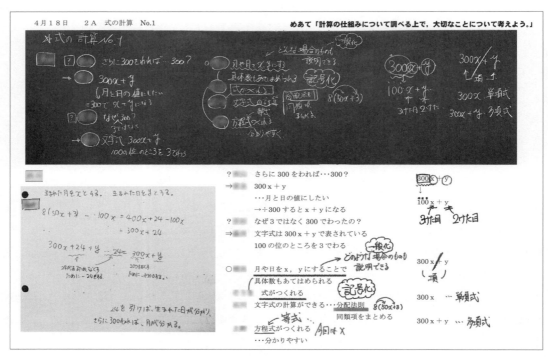

【「黒板プリント」の例】

　Google Classroom を利用することによって，配付をする際はトピック名をつくり，単元ごとに整理しながらこれまでの授業の資料として整理することができます。また，データとして配付するので，生徒が自ら拡大したり再加工したりすることもできます。さらに，欠席した生徒にとっても，どのような授業が行われたかを確認することができ，フォローの場として活

用することも可能となりました。

　実際に板書をこのように切り替えていく場合は，徐々に変化させていくことが求められます。いきなり板書の内容を，ICT を用いて配付してもうまくいかないでしょう。生徒によっては，ノートを取ることで授業に参加していたにもかかわらず，その内容もなくしてしまい，何もしない状況をつくりだしてしまうことになります。

　ICT を活用していく目的として，「協働的な学び」を行うことを生徒に伝え，その保障

第1章 式の計算 黒板プリント	⋮
📄 No5-3	投稿日：5月19日
📄 No5-2	投稿日：5月18日
📄 No5-1	投稿日：5月17日
📄 No4	投稿日：5月14日
📄 No3-2	投稿日：5月13日
📄 No3-1	投稿日：5月11日
📄 No2-3	投稿日：5月2日
📄 No2-2	投稿日：4月24日
📄 No2-1	投稿日：4月20日
📄 No 1	投稿日：4月19日

【Google Classroom に投稿されている画面の様子】

として写真を撮っていくように伝えることが重要です。本校のように，目的を伝え，変更していくことがよいでしょう。変更については，まずは，日々の板書をカメラで記録していくことから始めてみましょう。写真を撮って残していくだけでも，十分効果があります。

❷　Google Classroom を利用したファイルの配付【ICT 活用ポイント●■◆】

　本校では，独自のカリキュラムを使用しており，独自の教材をデータとして蓄積してきました。授業ではそれらを紙に印刷して配付し，使用しています。もちろん今でも紙を使用してはいますが，ファイルとして生徒に配付することもしています。

　タブレットで使用するファイルを配付する方法については様々ありますが，本校では Google Classroom を利用することで，課題として生徒にファイルを配付しています。本校での Google Classroom の導入については，一斉休校期間中の課題配付や生徒との連絡のために始まり，オンライン授業期間では，生徒への事前課題の提示や，❶でお伝えした黒板プリントの配付，提出物の回収などを行うために活用し始めました。その後，校内では，生徒への朝の連絡や欠席生徒への支援，生徒同士の学級や委員会の連絡の場として用いられるようになっており，本校の教育活動では欠かせないものとなっています。

　授業における活用方法としては，様々なファイルを配付するために用いています。特に，ドキュメントやスプレッドシートといった Google 系のアプリについては，円滑に使うことができるようになります。例えば，スプレッドシートのデータを配付する場合，一つのデータをアップすると，そのファイルに個々の生徒の名前を付けて配付することができます。また，配付した作業中のデータについては，教師も見ることができるため，個々の生徒の作業状況を把握したり，教師が支援しながらファイルを扱ったりすることが容易にできます。

また，Google Classroom を利用したファイルの配付は，配付した時点で Google ドライブへの保存も行えるため，データ管理も楽に行えることがよい点といえます。さらに，Google Classroom を通じて，課題を提出させることにも利用しています。Google Classroom で課題を提出させることで，提出の記録を正確に残したり，提出されたファイ

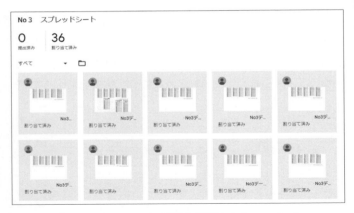

【Google Classroom の課題で配付されたファイル】

ルにコメントを残し，評価をしたりアドバイスをしたりすることができます。

　もちろんプリントでも同様のことができますが，提出されなくてもどこまで取り組めているか，どのような状況であるかを確認できることが，優れている点であるといえます。

❸　解決方法の共有のための授業支援システムの利用【ICT 活用ポイント●◆】

　ICT の活用のうち，タブレットを使用する際は，ロイロノート・スクールのような授業支援システムを活用することも多いと思います。この授業支援システムを用いることによって，今まで準備が必要だった内容が瞬時にできるようになります。その一つが，生徒の書いた解決方法などの内容の共有です。

　これまで，生徒一人ひとりの考えを全体で共有するためには，プリントや付箋紙などを配付し，それらを回収してまとめ，印刷して配付するといったことが必要でした。そのため，前時や授業前にどうしても準備が必要となります。ところが，授業支援システムを使うことで意見の回収を簡単に行うことができ，瞬時に考えを共有し，話合いなどの活動を行うことができるようになります。

　ここで簡単に考えを共有する方法が，写真撮影です。考えの共有には，タブレットを使用してタイピングやペン機能で書き込みを行い，それらを共有していく方法もあります。しかし，数学の問題に取り組む際は，それらの方法よりノートや学習プリントに記入した方が都合のよいことが多いです。例えば，式をタイピングすることは，文章のタイピングより時間がかかることが考えられます。また，図を用いて問題を解決するには，それらをタブレット上でどのようにつくることができるかといった知識が必要になります。そのため，問題に取り組む際は，ノートや学習プリントを用いて解決を行い，その写真を撮って考えを共有する方が，生徒にとっては取り組みやすいと考えます。

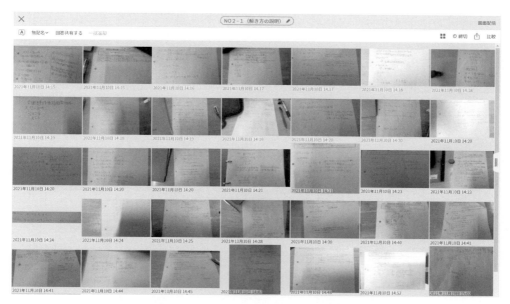

【ロイロノート・スクールで実際に提出させた際の教師画面】

　この方法を用いることで，教師や生徒が板書をしなくても，生徒が自分の考えを示しながら伝えることができます。もちろん，実物投影機などの別の ICT 機器を利用できる環境であったなら，これまでもできる方法でした。しかし，ロイロノート・スクールを用いる場合は，その後投稿された写真を配付したり，再提示したりすることもできます。そして，配付することで，生徒は自分のノート上に整理したり，拡大して細かな部分を見たりして，発表に用いた写真を利用することができ，考えを深めていくためにはとても有効です。

　提出をさせる際は，ロイロノート・スクールの場合は提出箱の機能を用います。提出箱の機能では，提出期限を決めたり，解答を共有したりすることができます。また，画面共有機能があり，教師が操作する共有機能と，提出した生徒が発表をする際に用いる発表機能（生徒が操作する共有機能）を用いることができます。これらの機能については，教師や生徒が考えのポイントを示したり，説明したりする際に簡単に画面を切り替えることのできる便利な機能です。

　ただ，便利であるものの，利用する際には注意する点があります。それは，生徒がはじめて発表をする際です。このとき，共有機能を使うことで生徒は自分のタブレット上の画面に注目するようになります。もちろん，他の生徒にとって発表生徒の示している内容がとても見やすく，相手の伝えたい画面上の内容がわかりやすくなります。しかし，多くの生徒は，自分のタブレットの画面に視線がいくため，発表する生徒の方を見ないことが多くなります。そのため，画面上の情報ばかりに目がいき，発表する生徒の言葉やジェスチャーなどの情報が入ってこなくなります。実際に本校でも便利な共有機能を使っていた結果，発表生徒を見ない姿が多くなってしまいました。そこで，この共有機能については，短時間で発表を終えたり，教師が簡単

に内容を示したりする場合など，状況を限定して，効果的に使うとよいでしょう。

　基本的な発表方法としては，プロジェクターや大型テレビなどに提出された写真を映し出し，発表生徒には前に出て発表させると，画面にばかり注目することが避けられます。そして，発表後に発表に用いた写真を他の生徒に送ることで，発表の際に気になった内容を自分で拡大して確認したり，もう一度見直したりする姿が多く見られるようになるため，より効果的に機能を用いることができるようになります。

【大型テレビに考えを映し出し発表する生徒の姿】

　また，別の注意点として，授業支援システムによっては解決方法の結果だけが表示されてしまい，その解決の途中が記録として残らないことがあります。ICT の活用においては，思考過程の途中も残しやすいことがメリットに挙げられます。しかし，本校で活用しているロイロノート・スクールについては，意図的に思考過程を残す工夫をしないと，生徒の結果の内容しか残りません。そのため，どのような過程を経て解決方法に至ったのかや，途中どのようなことを考えていたのかを把握したり，途中の段階で考えを共有して授業を軌道修正したりするためにも，問題に応じて途中の考えを提出箱に提出させる工夫もしていくとよいでしょう。

❹ 振り返りのための授業支援システムの利用【ICT 活用ポイント◆】

　先にも紹介しましたが，ICT を利用するメリットの一つとして，簡単に書き直しや再利用が可能な点があります。これらの特性を生かすために，振り返りの場面で，ロイロノート・スクールを利用します。

　ロイロノート・スクールについては，いろいろな文章を記述する場合，カード状の記録用紙に記述を残していきます。この記述されたカードについては，付箋のような機能をもち，画面上にどんどん貼り付けていくことができます。また，写真や動画，Web サイトなどの情報もそれぞれカードにして残すことができます。授業中は，これらのカードを残させるようにし，振り返りの場面で再利用できるように準備させます。特に，再利用する場面においては，カードをコピーしたり，付箋を貼り替えるように位置を変えたり，プリントでは面倒な内容の書き換えをしたりして，これまでの学習を振り返ることができます。そうすることで，これまでの学習内容を精緻化したり，統合して理解の伴った知識として獲得したりしていくことにつながります。

　また，ロイロノート・スクールには，シンキングツールの機能があります。シンキングツールは，知識を様々な切り口で捉え，整理しまとめるためのシートです。いろいろなシートが用意されており，それらを活用することで，生徒の考えを整理することを促すことができます。

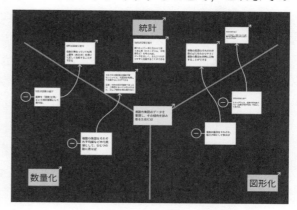

【実際に生徒が振り返りの場面でまとめた内容】

　以上の４つが，本書の内容を支える基本活用です。これら４つについては毎授業，どこかの場面で活用しています。これら以外にも問題によって他の ICT 活用を行っています。内容については，第２章で具体例とともに紹介していきます。ここで紹介したものについては，すべてやる必要はありませんが，少しずつ取り入れていくことで，数学的な「思考・判断・表現」を中心とした ICT の活用方法となるでしょう。

生徒が考え，生徒とともにつくる授業に

　本校では，これまでもICTを活用し，板書の内容を記録してその内容を印刷して配付したり，書画カメラを使って生徒の考えを全体で共有したりと，ここまで紹介した内容にかかわることを実施してきました。もちろん，以前のままの授業においても，十分「個別最適な学び」と「協働的な学び」を行うことができていたと考えています。

　しかし，GIGAスクール構想によりタブレットや授業支援システムが導入されたことをきっかけに，せっかくできることが増えたのだから，この際チャレンジしていこうということから，タブレットが授業を支える重要なツールの一つになるように変化させてきました。

　特に授業支援システムが導入されたことにより，これまで以上に生徒は記録を残さなくてもよくなり，生徒が手を動かして記録する姿は減りました。この部分だけを考えると，生徒の学びは大丈夫かと思われるかもしれません。しかし，本校で大切にしていることは，単元において何を学び，どのようなことができるようになったかを生徒自身が考えられることです。この点については，これまでもプリントにて記録を配付することにより，補助してきました。それがタブレットを活用することにより，これまでプリントによってペラペラめくって振り返りをしていたのが，一画面に納められ，振り返りを行うようになっただけです。

　タブレットを使うようになったとしても，本校では，生徒が考え，生徒とともにつくる授業が大切であると考えています。そのことが最大限保障されるよう，タブレットの活用を含め授業改善していくことが最も大切であると思います。

【生徒が考え，生徒とともにつくる授業に】

第2章の構成

　第2章では，単元ごとに，ICT の活用ポイントがまとめられています。「本単元における ICT 活用のポイント」では，下記について紹介しています。

❶　指導の意義とねらいについて

　単元での ICT 活用ポイントとして，まずはその単元指導の意義とねらいを確認しています。

❷　指導の問題点

　ICT を活用する以前では難しかった内容について触れ，その内容を改善できる方法を紹介しています。

❸　効果的な ICT 活用のポイント

　単元としてのポイントだけでなく，実際の問題にふれ，この問題に対しては，どのような ICT の活用例があるのかを紹介しています。

　「ICT を位置づけた本単元の指導計画」とそれ以降の各時の授業では，ICT の活用だけでなく，この授業での展開について，どのようなやり取りが必要なのかも，生徒とのやり取りを書いて紹介しています。

　この授業を終えて，生徒はどのような振り返りを書くのか，様々な記述方法を示しながら，振り返りを紹介します。

　また，その他に，単元における評価内容がどのようなものであるか，単元として何を取り扱っているかを紹介しています。そして，ICT の活用については，紹介内容が４つの場面のどの活用を行っているのかを，【ICT 活用ポイント■】【ICT 活用ポイント★】【ICT 活用ポイント●】【ICT 活用ポイント◆】で示しています。

第2章

ICT 活用を位置づけた
中学校数学の授業モデル

正の数・負の数

全26時間

本単元における
ICT 活用のポイント

❶ 指導の意義とねらいについて

本単元について，中学校学習指導要領（平成 29 年告示）解説　数学編では，

> 　数の範囲を正の数と負の数にまで拡張し，正の数と負の数の必要性と意味を理解すること，正の数と負の数の四則計算の意味を理解し，その計算ができるようにすること及び正の数と負の数を用いて表したり処理したりすることを通して，具体的な場面でそれらを活用できるようにする。

とあります（p.66）。

　拡張するにあたっては，これまでの経験や日常生活を関連付け，具体的な場面を用いて理解できるようにしていくことが大切です。そして，数を拡張することで，小学校で学習してきた数の集合を捉え直したり，負の数の四則計算ができ，その意味を理解できるようにしたりすることが必要です。

　以上のことから，以下のような取組が必要だと考えます。

1　これまでの経験や日常生活と関連付けながら，正の数と負の数のよさを知り，その意味を理解できるようにする。

2　小学校で学習した四則計算の意味を拡張して考え，計算できるようにするとともに，その意味を理解できるようにする。

3　正の数，負の数を具体的な場面で活用できるようにする。

❷ 指導の問題点

問題点1：条件変更をすることに時間がかかる

　従来の学習において，温度計などの具体的な例や線分図といった図形化を用いて，正の数・負の数の理解を図ることがとても多くありました。しかし，温度計の例について図を示す際は，教科書の図や学習プリントといった印刷された条件の内容でしか示すことができず，生徒の理解によってその図を簡単に変更することができませんでした。

問題点2：ICTの活用に不慣れな生徒が多い

　中学校で学習するはじめての単元であり，ICT機器を使うことについても，小学校の段階でどれだけ扱ってきたかについては個々の生徒の状況によって大きく違います。そのため，いざ活用しようと思っても，生徒の経験によってうまくいかないことが予想されます。

❸ 効果的なICT活用のポイント

活用のポイント1：デジタル教材（デジタル教科書）を活用する

　従来の学習から大きく変えることも時には必要ですが，教師も生徒も不安な点も出てくるでしょう。そこで，まずはデジタル教材を活用していくことがその第一歩です。そこまで汎用性が高いものではありませんが，教科書を用いて授業を組み立てていくのであれば，とてもよいコンテンツが多くあります。問題を出題する場合も，教科書の問題を簡単に目隠ししたり，類題を簡単に出題したりすることができます。

活用のポイント2：生徒がカメラ機能を利用して撮影する

　1年の最初に学習する単元となるため，各学校での学習の進め方を学ぶとともに，ICTの活用方法についてもはじめて学ぶこととなります。ここでは，今後利用頻度が高くなる，カメラの利用と問題の提出方法を学ばせていくことを目指したいところです。

活用のポイント3：タブレットを利用した問題の提示をする

　どの単元でも行えますが，問題提示としてICTを活用していきます。例えば，問題を提示する際にはスライドを用いることで，大画面で問題提示することはもちろん，計算練習の際には短時間に解答を確認するなどにも使えます。また，実物投影機やタブレットのカメラを利用すれば，物を示したり手元の様子を提示したりして生徒の理解を促すことができます。

ICT を位置づけた
本単元の指導計画

❶ 単元の目標

> （1）負の数の意味やそのよさを理解し，説明することができる。また，正の数・負の数の
> 四則計算の方法や，能率的に計算を進める方法を説明することができる。
>
> （2）正の数と負の数が反対の方向や性質を表す数であることを用いて，負の数を含む数量
> の大小関係や四則計算の方法を論理的に考察することができる。
>
> （3）負の数の必要性やよさについて理解したことや考察したことをもとに，具体的な場面
> において主体的に取り組み，様々な解決方法を吟味し，よりよい考えを導こうとしてい
> る。

❷ 単元の評価規準

知識・技能	思考・判断・表現	主体的に学習に取り組む態度
・正の数と負の数の必要性と意味を理解している。 ・正の数と負の数の四則計算をすることができる。 ・具体的な場面で正の数と負の数を用いて表したり処理したりすることができる。 ・数の集合と四則計算の可能性を理解している。 ・自然数を素数の積として表すことができる。	・算数で学習した数の四則計算と関連付けて，正の数と負の数の四則計算の方法を考察し表現することができる。 ・正の数と負の数を具体的な場面で活用することができる。	・正の数と負の数のよさに気付いて粘り強く考え，正の数と負の数について学んだことを生活や学習に生かそうとしたり，正の数と負の数を活用した問題解決の過程を振り返って検討しようとしたりしている。

❸ 指導計画

時	学習内容	ICT 活用
1〜5	【正の数・負の数についての理解】 ・負の数の意味と表し方と数直線 ・正の数・負の数で量を表すこと ・絶対値と数の大小	【ICT 活用ポイント■】 【ICT 活用ポイント●】 【ICT 活用ポイント◆】
	（例）次の数を小さい順に並べましょう。 $$-\frac{1}{2},\ 0.3,\ -1.3,\ 0,\ \frac{2}{5},\ -\frac{7}{5}$$	ロイロノート・スクールに提出させ，下記の考えを説明させる。 ・数直線に表すこと ・数をそろえること
6〜23	【正の数・負の数の計算】 ・正の数・負の数の加法，減法 ・正の数・負の数の乗法，除法 ・いろいろな計算 ・数の拡張と素数	【ICT 活用ポイント■】 【ICT 活用ポイント●】 【ICT 活用ポイント◆】 【ICT 活用ポイント▼】
	（例）下の式で□に当てはまる数はいくつでしょうか。 　　　□＋7＝2 　　　□＋（－7）＝2	ロイロノート・スクールに提出させ，下記の考えを説明させる。 ・（－5）＋7＝2や9＋（－7）＝2になることを，数直線や反対の性質をもつ量により表現
24〜26	【正の数・負の数の利用】 ・具体的な事象から問題を設定し，正の数・負の数を利用して問題を解決すること	【ICT 活用ポイント●】 【ICT 活用ポイント◆】

『気温の表し方と差について考えよう』
（第1時）

❶ 問題

> 　1年間の平均気温について，A国，B国，C国，D国の4つの国で比較しました。一番
> 高い国と低い国との平均気温の差は何℃でしょうか。
> 　A国はC国より4℃高い
> 　D国はA国より6℃低い
> 　B国はC国より7℃高い

　正の数・負の数の導入として，日常の中で既に使われている気温を例に用いて負の数の存在について認識させていきます。2数の和を，いくつかの計算をしてパターンとして認識させ，そのパターンを用いてできるだけ早く，正確に計算する知識・技能を獲得するねらいがあります。そして，そのパターンをもとにトランプの計算を紹介し，ペア活動をする中で，計算をできるだけ早くするように問題練習を行っていくことを目的とします。

❷ 本時における ICT 活用のポイント

　導入時においては，デジタル教科書を活用して気温計を提示し，負の数の存在に着目させます。デジタル教科書がない場合は，スライドなどを利用して問題を出すこともできます。しかし，デジタル教科書を用いていくことでその場で変更をすることができ，簡単にやり取りをしながら負の数に目を向けていくことができます。

　展開時においては，生徒に写真を用いて考えを提出させます。これについては，本単元に限らず用いることのできる方法ですが，中学校でのはじめての場面であり，これから ICT を用いて自分の考えを説明していく方法を伝えることを目的とします。

　まとめについても，授業の振り返りを授業支援ソフトの思考ツールを用いて行わせます。思考ツールを用いることは，学習した知識の関連付けがしやすく，また概念化していくにあたり，整理しながらまとめをすることができます。

❸　授業展開例

①導入（デジタル教科書を利用して負の数に着目する）【ICT 活用ポイント■】

　はじめに天気予報について想起させ，天気と気温について知ることができることを確認します。次に，気温についての写真を提示します。できれば，実際の写真を準備しておき，画面に表示しながら確認するとよいでしょう。

T　（インターネットの天気予報を提示して）この写真は，ある日の天気予報です。天気予報でわかることは何かな？
S　今日や明日の天気。
S　最低気温や最高気温。
T　この日の名古屋の最高気温は何度かな？
S　7℃！
T　そうだね。じゃあ，名古屋の最低気温は何度かな？
S　－1℃！
T　うん，－1℃だよね。－1の－は「マイナス」っていうよね。

　このようなやり取りで，マイナスについて触れた後，もう少し気温についてイメージをもたせるために，気温計を表示させます。問題として気温計を提示することで，導入との接続をしつつ，目盛りではマイナスはどのように考えていくかを確認するとともに，数直線の考えの接続を行います。正の数の気温から確認し，負の数の気温を示すことで，0℃から低いところをマイナスとして考える感覚をつかませることができます。

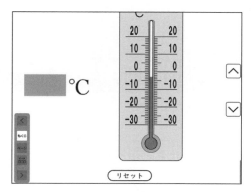

【令和４年度用　学習者用デジタル教科書（教材）　未来へひろがる数学１
p.12　コンテンツ（温度計）（啓林館）】

②展開【ICT活用ポイント●】

　ここでは❶の問題を提示し，生徒に考えさせます。問題解決については学習プリントに書かせますが，その書いた内容については写真を撮り，学習支援ソフトを用いて提出させます。写真によって提出させることで，生徒は考えを自分の書いたもので説明することができ，教師や生徒が改めて板書を行う必要が

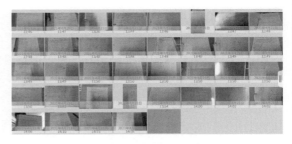

【提出された解決方法】

なくなります。特に，今回については図を用いた解決方法をすることが予想されるため，その効果が高いといえます。

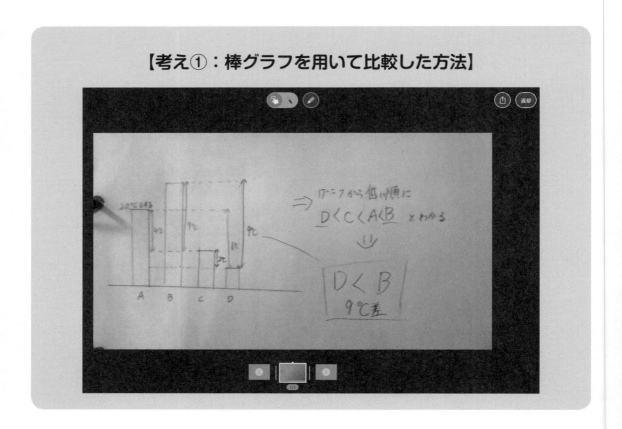

【考え①：棒グラフを用いて比較した方法】

T　発表を聞いて，見つけた数学のよさはありますか？

S　Aを20℃と仮の気温にしている。

S　棒グラフにして，条件を整理しながら考えている。

S　グラフに差を表して一番高いところと低いところを見つけ，比べている。

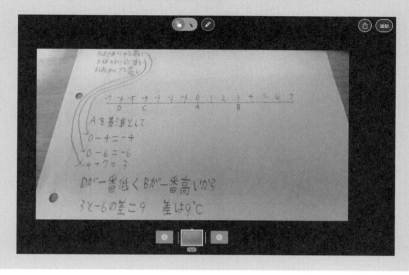

【考え②：数直線を用いて比較した方法】

T　発表を聞いて，見つけた数学のよさはありますか？
S　Aを0とし，基準をつくって比較している。
S　基準をもとに，数直線を書いて気温の違いを考えている。
S　言葉の意味を考えて，どんな計算をすればよいのかを考えている。

　授業で扱える解決方法には限りがあるため，発表後については他の生徒の考えを見ることができるように共有機能を使い，他の人がどのように考えたかを知れるようにします。

③まとめ（授業支援ツールを利用する）【ICT活用ポイント◆】

　ここではこれまでに学習した内容を振り返るために，ロイロノート・スクールの思考ツールを使ってまとめさせます。そうすることで学習した知識を関連付け，概念化することができるようになります。

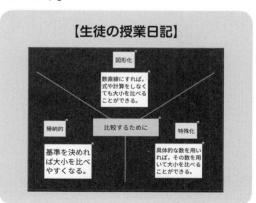

【生徒の授業日記】

『トランプの計算をマスターしよう』
（第10〜12時）

❶ 問題

> A君は次の計算をする中から，加法にはあるきまりがあることに気付きました。
> A君はどのようなことに気付いたのでしょうか。
>
> （＋5）＋（＋7）　　（＋7）＋（＋5）
>
> （−5）＋（−7）　　（−7）＋（−5）
>
> （＋5）＋（−7）　　（−7）＋（＋5）
>
> （−5）＋（＋7）　　（＋7）＋（−5）

　今回の問題は，２数の和をいくつかの計算をしてパターンとして認識させ，そのパターンを用いてできるだけ早く，正確に計算する知識・技能を獲得するねらいがあります。そして，そのパターンをもとにトランプの計算を紹介し，ペア活動をする中で，計算をできるだけ早くするように問題練習を行っていくことを目的とします。

❷ 本時における ICT 活用のポイント

　導入時においては，簡単な計算問題の提示のためにプレゼンテーションソフトなどを利用し，問題提示を行っていくことができます。板書や学習プリントでも行うことはできますが，事前準備をしておき答えもすぐに提示できるため，手軽に進めていくことが可能となり，問題の導入としてはよいでしょう。

　展開では，トランプの計算について紹介するために ICT を活用します。導入と同様の使用方法ですが，デジタル教科書によってはトランプの計算を提示する機能をもっているため，それらを利用することでも簡単にトランプの計算の説明をすることができます。

　そして，今回は本時の授業内だけではなく，その後の宿題でも ICT を利用します。トランプの計算を授業内で行った後，家でも練習するように伝えます。そして，その様子を動画で撮って送ることを宿題とします。これにより，自分で動画を撮ることやオンラインで提出物を提出する練習を行わせるとともに，正の数・負の数の２数の和を楽しみながら習得させます。

❸ 授業展開例

①導入（スライドを利用して簡単な計算をさせる）【ICT 活用ポイント■】

はじめにスライドを用いて，簡単に計算結果を確認していきます。

$$(-5)+(+7)=$$ ➡ $$(-5)+(+7)=2$$

【計算を示したスライド】

次に計算結果をもとにして問題を提示し，自分がA君であったらどのようなことに気が付いたかを記述させ，その内容を確認します。その中で，式の違いや答えの違いについて帰納的に注目させ，負の数を含んだ数の和の求め方について理解を深めたり，2数の和について入れ替えをしても変わらないことを気付かせたりしていきます。

> A君は次の計算をする中から，加法にはあるきまりがあることに気付いた。
> A君はどのようなことに気付いたのでしょうか。
>
> (+5)+(+7)=12   (+7)+(+5)=12
> (−5)+(−7)=−12   (−7)+(−5)=−12
> (+5)+(−7)=−2   (−7)+(+5)=−2
> (−5)+(+7)=2   (+7)+(−5)=2

【問題を示したスライド】

T　どのようなきまりがありそうですか？
S　2数の符号が同じとき，その符号と同じになる。
S　2数の符号が違うとき，数の大きい符号となる。
S　2数の符号が違うとき，数は大きい方から小さい方をひくと求められます。
T　ここで言う数が大きい方とはどういうことですか？
S　−7と5では，7＞5なので，7の符号になります。
S　数が大きいというのは，数直線上で，0からの距離が大きいことです。
T　他に気付いたことはありますか？
S　たした数とたされた数が入れ替わっても，和は等しくなります。
T　計算の方法について気付いたことはあるかな？
S　＋（＋5）は結局，＋5と一緒になる。
S　＋（−5）も−5と一緒になる。
T　それって，やってもいいことなのかな？

S　例えば（＋7）＋（－5）のとき，＋7より－5大きい数という意味になって，－5大き
　　いというのは，5小さいと同じ意味になるので，7－5と考えてよいと思います。
T　なるほど。言葉の式にすると，たし算を簡単にする説明ができるんだね。

　この授業では，減法のきまりについても具体例を用いながら，同様に考えさせていきます。
減法でも加法で見つけたきまりが成り立つかを視点にして計算させることで，減法では交換法
則が成り立たないことに気付かせていきます。また，反対の性質を用いて加法にすることがで
きるため，加法に直して計算することで加法の法則を用いることができることにも気付かせて
いきます。

②展開（トランプの計算について説明する）【ICT 活用ポイント▼】

> 　2枚のトランプを使って計算をします。黒色は正の数，赤色は負の数を示します。また，
> Jは11，Qは12，Kは13，ジョーカーは0とします。
> 　トランプの計算を能率的に計算する方法について考えましょう。

　トランプの計算を説明し，計算を項にして考えることを促す場面です。トランプを実物投影
機やタブレットのカメラを用いて大画面に写すことで，簡単に問題にして生徒に提示すること
が可能です。トランプの説明をした後，実際にトランプの計算を行い，どのように考えていけ
ば早く計算をすることができるかについて考えさせます。
　そして，その考えた内容について共有をしていきます。

【タブレットのカメラを利用】

【問題の説明のために画面に映した様子】

T　どのように計算すればトランプの計算を早く行うことができますか？
S　前回の計算と同じように考えて，同じ色のカードの場合は数をたし算して計算すればいい。
S　色が違うカードの計算は，絶対値の大きい方の符号にすればいい。
S　色が違うカードの計算は，絶対値の差を求めればいい。

このようにして，トランプの計算についてどのようにすれば能率的に計算できるかを確認した後，計算式に表して考えさせます。そうすることで，式とトランプの計算の関係性を見て，式を項として考えられることや，加法の交換法則がトランプのカードを入れ替えることであるというイメージをもつことができるようになります。

③まとめ（授業支援ツールを利用する）【ICT活用ポイント◆】

　ここでは，これまでに学習した内容を振り返るために，ロイロノート・スクールの思考ツールを使ってまとめさせます。そうすることで，学習した知識を関連付け，概念化することができるようになります。

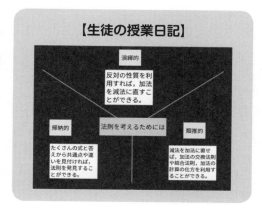

④家庭学習（生徒がカメラ機能を利用して撮影する）【ICT活用ポイント▼】

　トランプの計算については，家庭学習として活用することもできます。今回の授業後にトランプの計算を遊び感覚で練習することができ，より早くなったことを動画で撮って提出させることで宿題とすることができます。そうすることで，2数の和を能率的に計算する技能を高めることが期待できます。提出については，授業支援ソフトやGoogle Classroomなどを利用することで動画を提出させることができます。

　また，Microsoft Excelなどを用いて記録を取らせ，提出させる方法もあります。さらに，トランプの山を3つにさせて計算させることで，3項以上の計算についても事前に練習させておくことができます。

【トランプの計算をしている様子の動画】

日にち	練習した日に○をつける	2つの山に分けた時のタイム		3つの山に分けた時のタイム		その他
5/22	○	1 分 7 秒		1 分 30 秒		
5/23	○	分 58 秒		1 分 24 秒		
5/24	○	分 49 秒		1 分 23 秒		
5/25	○	分 48 秒		1 分 22 秒		
5/26	○	分 46 秒		1 分 21 秒		
5/27	○	分 44 秒		1 分 23 秒		
5/28	○	分 46 秒		1 分 22 秒		
5/29	○	分 45 秒		1 分 22 秒		
5/30	○	分 39 秒		1 分 21 秒		
5/31	○	分 35 秒		1 分 20 秒		

【トランプの計算の記録】

『指数について考えよう』
（第21〜23時）

❶ 問題

> (1) 次の（ア）〜（エ）の中で，答えが一番小さくなるのはどれでしょう。
> （ア）-2^3　　　（イ）-3^2　　　（ウ）$(-2)^3$　　　（エ）$(-3)^2$
>
> (2) 2^0はいくつになるでしょうか。

指数の理解を深めるとともに，中学校１年生では説明の難しい 2^0 について根拠をもとに帰納的に考えることで，説明させていく問題です。本校の生徒でも説明に苦労しますが，$2^2＝4$ や $2^3＝8$ といったことや，指数の意味や指数の変化に伴う２の累乗数の変化の様子から考えることができ，生徒にとって未知のことを考える機会をつくることができます。

次の(ア)〜(エ)の中で，答えが一番小さくなるのはどれでしょう。

（ア）-2^3　　（イ）-3^2
（ウ）$(-2)^3$　　（エ）$(-3)^2$

【問題を示したスライド】

❷ 本時における ICT 活用のポイント

問題に対する ICT の活用はありませんが，思い付いた解決方法を提出させ，その後全体発表につなげるために活用していきます。また，振り返りを複数回の授業をまとめて行うため，これまで学習した内容が振り返りやすくなるように，板書をまとめた黒板プリントを Google Classroom にアップして配付していきます。

❸ 授業展開例

①導入１

まずは指数について，$2×2×2＝2^3$ と表し，２の３乗ということや，指数が指数のついている数を指数回かけることを表すことを確認します。また，面積や体積の単位に触れながら，平方や立方の言葉を確認した後，問題(1)を示し，取り組ませます。

②展開1【ICT活用ポイント●】

解決方法を共有するために，ロイロノート・スクールに自分の考えを提出させます。

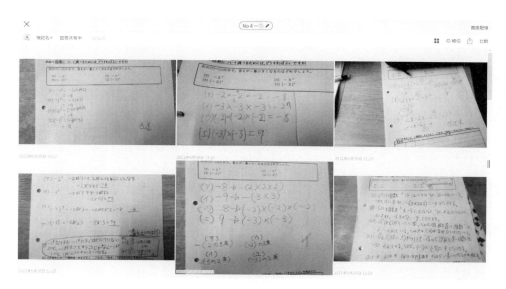

【提出された生徒の考え】

次に，学級全体で解決方法の確認を行いました。発表された内容は，以下のようなものがありました。

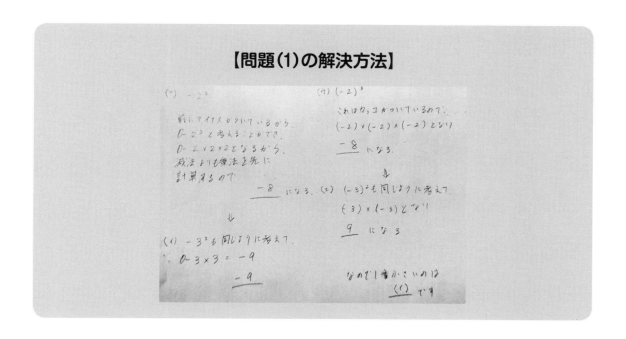

T　発表を聞いて，疑問はありませんか？

S　（イ）で$0-3^2$？

S　なんで－はこのような扱いをしているの？

S　元々０があるので，なくても同じ計算になるのでつけた。

S　$-3×3$だと，イメージできるけど説明しづらい。０をつけると$-3×3$の－の意味がいえるので。

S　０なくてもいいんじゃないの？

S　いいけど，－３は０から３ひいたのと同じなので，$0-3=-3$として，０をつけてもいい。

S　今回はマイナスとも０－ともとれるけど，０－と考えた方がわかりやすい。

S　以前考えた，０が基準という考えを使っている。

T　発表を聞いて，見つけた数学のよさはありますか？

S　（　）をつけていることで，優先順位を考えている。

S　０をつけることで，なぜこのような答えになるかがわかりやすかった。

T　（ウ）と（エ）は０をつけて説明できないのかな？

S　$(-2)^3$であれば，$0+(-2)^3$として考えれば，同じ説明ができます。

③導入２

T　ここまで指数の計算について考えてきたけど，どのように扱っていけばよかったかわかったかな？

S　ばっちりです。

T　そっか。じゃあこの指数なんだけど，このまま４乗や５乗しても大丈夫だよね。

S　はい。

T　じゃあさ，逆に小さくするとどうなるのかな？　例えば，０乗なんてどう？

S　え～。０乗ってあるの？

T　実は，０乗と表すことがあるんです。今日は２の０乗について，考えてみましょう。

　このようなやり取りの後，問題(2)について取り組ませました。

④**展開2【ICT活用ポイント●】**

解決方法を共有するために，ロイロノート・スクールに自分の考えを提出させます。次に，学級全体で解決方法の確認を行いました。発表された内容は次のようなものがありました。

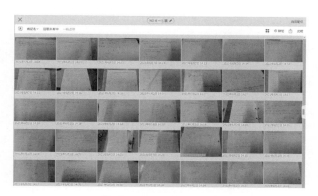

【提出された生徒の考え】

【問題(2)の解決方法（誤答）】

例　たとえば，2^3だとしたら，$2 \times 2 \times 2 = 8$になり，2を3回かける
　　2^0は，2を0回かけるということになる。⇒2×0となり答えは0
　　2を1回で2^1だとしたら，$2 \times 1 = 2$　2^0より大きくなる
　　なので，2^0は2ではない

> いいかえると
> 2^0は2が一つもない
> ということなので0になる。

T　発表を聞いて，疑問はありませんか？

S　2^3で$2 \times 2 \times 2$でよいが，2を0回かけると2×0でいいの？

S　2^0は2を0回かけること。

S　2を1回かけると2になることから，それより小さくはなると考えると，1か0と予想できるけど，どうして0にきまるの？

S　2^0は消滅するって考えると，数がなくなるってことだから，0でいいと思う。

ここでは，あまり納得のいっていない生徒が多くなったため，別の根拠や視点で考えた人はいないかと聞き，発表させました。

【問題(2)について帰納的に考えた方法】

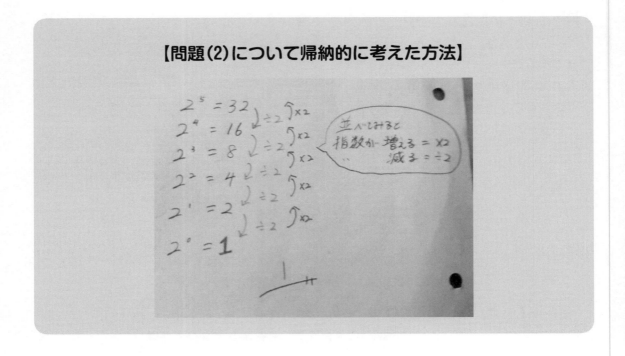

T　発表を聞いて，疑問はありませんか？

S　規則はわかるけど，2^0でもその規則を用いていいの？

S　2^0以外は偶数だけど，2^0だけ奇数でいいの？

S　きまりに則って考えていけるのが数学の考えで，$2^0＝0$の方がきまりから外れるので，これでよいと思う。

S　偶数奇数の話は，確かにそうだけど，それは2の何乗ということについて考えているから起こることであって，他の数だったらそうではない。

T　ここまで話し合ってきているけど，納得していなさそうだね。じゃあ，もう少し指数について考えようか。2^3ってどんな意味だった？

S　「2を3回かける」ってことだった。

T　この言葉って，不足してないかな？

S　かけられる数の話がない。

T　そうだね。かけられる数っていくつかな？

S　1に2を3回かける。

S　え？　なんで1？

S　2^1だったら2を1回かける…でも何にって考えたら，1だといいよね。

S　なんで？

S　1以外だと，答えが変わっちゃうから。1×をするときは，答えは変わらないよね。

S　じゃあ，2^0 だとどうなんだろ。

S　2^0 は1に2を0回かけるってことだから…1でいいんじゃないかな。

S　えー。じゃあ 2^{-1} とかもあるの？

T　いい質問ですね。それはどう考えればいいのかな？

S　1に2を−1回かける。

S　2を1回わるって考えていいんじゃない？

S　負の数にはならない？

S　$2^2 = 4$，$2^1 = 2$，$2^0 = 1$ って考えていったら，すべて÷2だから，$2^{-1} = 0.5$ って考えると合うよ。

S　1に2を−1回かけるの−1回を1回に直すとき，反対の性質を考えると，かけるの反対はわるだよね。だから，いいと思う。

S　反対の性質ってなんだったっけ？

S　−3大きいは，3小さいに直す考えだよ。

③まとめ【ICT 活用ポイント◆】

　問題解決後，これまでに学習した内容を振り返るために，ロイロノート・スクールを使ってまとめさせました。次は，生徒が実際に書いた授業日記の内容です。

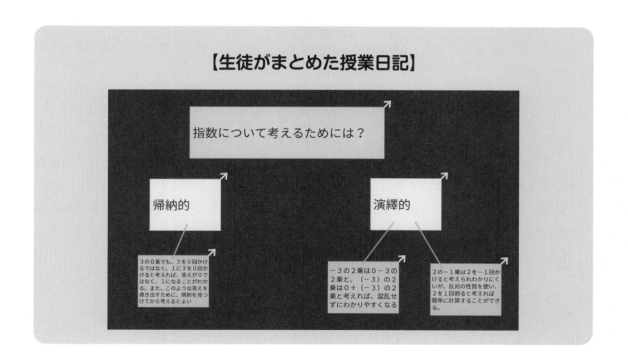

文字の式
全17時間

本単元における ICT 活用のポイント

❶ 指導の意義とねらいについて

本単元について，中学校学習指導要領（平成 29 年告示）解説　数学編では，

> 数量の関係や法則などを，文字を用いて式に表したり，式の意味を読み取ったり，文字を用いた式の計算をしたりして，文字を用いることのよさについて学習する。

とあります（p.68）。そのため，小学校における学習をもとに，数量関係や法則などを文字を用いて式に表したり，文字で表された式の意味を読み取ったりする活動が求められています。その際，文字の一般性のよさを認識できるようにするとともに，数を当てはめて考えることで，文字への理解を深めたり文字への抵抗感を和らげたりできるような指導が求められます。

　以上のことから，以下のような取組が必要だと考えます。
1　文字を用いることのよさを実感し，その必要性や意味を理解できるようにする。
2　文字を用いた式における乗法と除法の表し方を理解し，簡単な一次式の加法と減法の計算をすることができるようにする。
3　数量の関係や法則などを文字を用いた式に表すことができることを理解し，式を用いて表したり読み取ったりすることができるようにする。

❷ 指導の問題点

問題点：文字式の計算ルールが身に付かない
　文字式の学習において，文字を用いて式に表すことについては，どのように表していくかと

いうルールを教師が伝え生徒が覚えていく学習が主なため，生徒がつまずくことはそこまで多くはありません。しかし，その後の計算についてはつまずきが生じてしまう生徒も出てきます。

　この原因については，前単元の正の数・負の数で行われる具体数での計算と異なり，中学校1年生時点で文字式を計算してきた経験の少ないことが挙げられます。その結果，数の計算で行った操作をそのまま文字式に適用してしまったり，ルールを十分に身に付けることができていなかったりして，文字式の計算ができない生徒が現れることとなります。

❸　効果的な ICT 活用のポイント

　本単元においては ICT の活用はあまり相性がよいとはいえません。そのため，問題を工夫しないと本単元で ICT の活用は難しくなり，また，そればかりを考えてしまうと ICT を活用すること自体が目的となってしまいます。そのため本単元での活用については，第1章で述べた基本的な活用を本単元でもそのまま行っていきます。

　特に，以下の内容についての活用が有効です。

活用のポイント1：解決方法の共有のための活用をする

　文字式のルールを徹底し，理解していくためには，文字式に表したり計算方法を理解したりする必要があります。それらの理解を促すため解決方法を共有し，お互いに説明させることが有効です。その際，ロイロノート・スクールなどの授業支援ソフトを用いて考えを集め，それぞれどのような説明をしているのかを確認させたり，説明させたりするようにします。

活用のポイント2：文字式の計算練習のための活用をする

　文字式の計算については授業時間内でも当然扱っていきますが，計算を身に付けるために練習時間を確保するには，授業だけでは限界もあります。そこで，家庭学習を含め生徒が自分で学習に取り組めるように，学習支援を ICT を活用して行っていくことが有効です。デジタル教材はその方法の一つであり，「個別化」が有効な場面であるといえます。

　しかし，自治体や学校それぞれの事情によってデジタル教材の導入には差があるでしょう。デジタル教材を利用できればそれらを活用していくとよいでしょうし，なくても従来の問題集などにコンテンツがついていたり，教科書の問題を活用していったりしていくだけでも十分です。そういった場合では，Google フォームでテストをしてみたり，Google Classroom で宿題を提出させたりと，支援の方法はいろいろあります。本校でも，デジタル教材の導入は有料のものではなく，問題集にあるデジタル教材を活用しています。

ICT を位置づけた本単元の指導計画

❶ 単元の目標

(1) 文字の式の表し方や，文字の式の計算方法について理解し，説明することができる。また，事象の中にある数量やその関係を，文字を用いて等式や不等式に表し，簡単にすることを能率的に行うことができる。

(2) 文字の式の計算方法を，面積図や分配法則を利用して論理的に考察することができる。また，事象の中にある数量やその間の関係を，論理的に考察することができる。

(3) 様々な事象の数量関係について，文字を利用して考察したり，文字の式の計算方法を考察したりするなど，具体的な場面において主体的に取り組み，様々な解決方法をもとに，よりよい考えを導こうとしている。

❷ 単元の評価規準

知識・技能	思考・判断・表現	主体的に学習に取り組む態度
・文字を用いることの必要性と意味を理解している。 ・文字を用いた式における積と商の表し方を理解している。 ・簡単な一次式の加法と減法の計算をすることができる。 ・数量の関係や法則などを文字を用いた等式や不等式に表すことができることを理解し，文字式を用いて表したり，文字式を読み取ったりすることができる。	・具体的な場面と関連付けて，一次式の加法と減法の計算の方法を考察し表現することができる。	・文字を用いることのよさに気付いて粘り強く考え，文字を用いた式について学んだことを生活や学習に生かそうとしたり，文字を用いた式を活用した問題解決の過程を振り返って検討しようとしたりしている。

❸ 指導計画

時	学習内容	ICT 活用
1 〜 7	【文字を使った式】 ・文字を使って数量を式に表すこと ・文字を使った式の積の表し方 ・文字を使った式の商の表し方 ・文字式の表し方にしたがって数量を式に表すこと ・文字式がどのような数量を表しているかを読み取ること ・代入，文字の値，式の値の意味 ・文字の値がいろいろな場合の式の値を求めること ・いろいろな形の式について，その式の値を求めること	【ICT 活用ポイント●】 【ICT 活用ポイント◆】
8 〜 15	【文字式の計算】 ・項，係数，一次の項，一次式の意味 ・項をまとめて計算すること ・かっこを外して計算すること ・一次式の加法，減法 ・一次式と数の乗法 ・一次式と数の除法 ・（数×一次式）と（数×一次式）の加法，減法 ・等式，不等式の意味 ・数量の関係を等式，不等式に表すこと ・等式，不等式で表された数量の関係を読み取ること	【ICT 活用ポイント●】 【ICT 活用ポイント◆】 【ICT 活用ポイント▼】
	（例）1000円で a 円の品物が買えるのは，次のア，イ，ウのうち，どの場合でしょうか。 　ア　$1000 < a$ 　イ　$1000 - a < 0$ 　ウ　$1000 - a > 0$	具体的な数を用いて考えた説明を，ロイロノート・スクールを用いて発表させる。
16 〜 17	【文字式の利用】 ・文字式の利用	【ICT 活用ポイント●】 【ICT 活用ポイント◆】

『マッチの本数を表そう』
（第1時）

❶ 問題

マッチ棒の正三角形を30個並べるとき，マッチ棒は何本必要でしょうか。

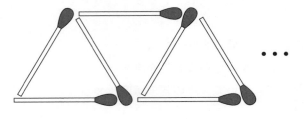

　この問題では，授業を通して文字式で表すことのよさを実感させるようにします。導入の問題では，数え上げられるものを提示して問題の把握を行い，そこからつくる三角形の数を増やすことで，数え上げが大変なものへと変化させていきます。

　その際，数え上げも含め様々な方法で解決を促します。その中で，言葉の式や文字式といった一般化の考えを用いた解決方法が出た際にはそのよさについて生徒に考えさせ，文字式のよさを明らかにするように扱います。仮に，そのような解決方法が出なかったとしても，さらに大きな数について問うことで，その解決方法やよさについて気付かせていくことができます。

❷ 本時における ICT 活用のポイント

　これまで生徒は，小学校で○や□，xやyを用いて式にする経験はあるものの，その経験の差は様々です。そこで，この問題では ICT を活用し，生徒の現状を把握することを目的の一つとします。思い付いた解決方法を提出させ，その後の全体発表につなげるとともに，教師もどのような考えで生徒が回答をしたか確認した上で授業を組み立てていくことができます。また，提出されたものについて共有機能を用いることで，生徒同士で話し合い，生徒の疑問から授業をつくっていくことも可能です。

❸ 授業展開例

①導入

はじめに，以下の導入の問題に取り組ませます。

下の図のように，マッチ棒の正三角形が3個並んでいます。
マッチ棒は何本使われているでしょうか。

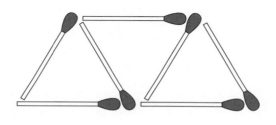

導入の問題によってマッチを並べる場面を想起させ，マッチ棒をどのように並べていくのかと，マッチ棒の本数を数えさせ，正三角形が3個の場合はマッチの本数が7本であることの2点を確認します。次に，何本必要かを，いろいろな方法で考えていくことを伝えます。

T　このようにしてマッチ棒を使って正三角形をつくっていきます。さて，正三角形を3個つくった場合，マッチの本数は何本必要ですか？

S　7本。

T　7本という答えですが，他の人はどうですか？

S　（うなずき）

T　では，どのようにして7本ってわかりましたか？

S　マッチの本数を数えた。

T　なるほど。確かにこれくらいならすぐに数えられるよね。では，正三角形を30個つくるとしたとき，すぐに数えられそうかな？

S　少し大変。

T　そうだね。じゃあ，30個つくるときに何本必要かを考えるとき，どのようにして解決するかな。その解決方法を考えよう。

このようなやり取りを行うことで，生徒は数えずできる解決方法に目を向けていくことができます。ただ，数える方法については否定せずやってみたい生徒にはやらせることで，大変さを実感させるようにもしたいところです。

　やり取りの後，❶の問題を提示し，解決を始めます。

②展開（様々な方法で解決をさせる）【ICT 活用ポイント●】

　ここでは様々な方法で解決をし，その内容をロイロノート・スクールに提出させます。もちろん，机間指導の中で生徒の考えを把握していきますが，提出させることで生徒はどの考えに自信をもっているかも知ることができるため，提出をさせることが有効です。

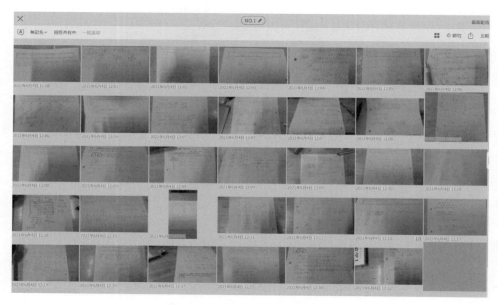

【ロイロノート・スクールの状況】

　また，今回は提出後にそれぞれの考えを共有し，他の生徒がどのような解決方法を行っているかを確認させ，その内容でわからないことがあれば，グループで話し合うように伝えました。そうすることで生徒が主体的に解決方法を選択し，それぞれの解決方法のよさについて目を向け，理解をしていこうとする姿が見られます。

　次に，学級全体で解決方法の確認を行いました。発表された内容は，以下のようなものがありました。

【考え①：重なる辺に着目し，全体の辺の数からひいた方法】

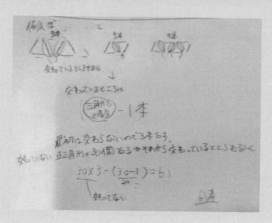

T　発表を聞いて，見つけた数学のよさはありますか？

S　30個の正三角形をつくり，そこから重なる部分をひく考えで見やすい式をつくった。

S　図から重なる部分をひけばよいというきまりを見つけて，式にしていた。

T　説明をよりよくするために，何か意見はありますか？

S　図に三角形の個数も書くとよりわかりやすい説明になると思います。

【考え②：図を用いていくつかを変化させ，その変化に着目した方法】

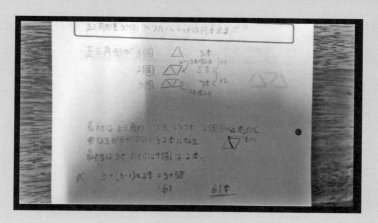

T 発表内容で，わからないところはありますか？

S 式の始めに３＋とあるけど，この３の意味は何？

S １個目の正三角形をつくるときだけ３本が必要で，あとは２本ずつ増えていくので最初の３を表しているよ。

T 発表を聞いて，見つけた数学のよさはありますか？

S 図を用いて考えた内容を説明していたので，どうして３本や２本という数字が現れるのかが，わかりやすいです。

S ２本ずつ増えていくことを，正三角形の一辺が重なっていると考えて，２本になる理由を考えていた。

S 図からわかった本数をもとにして，規則を見つけようとして考えていた。

T このように規則を見つける考え方で，他の表し方をした人はいますか？

【考え③：表を用いて整理し，文字の式に表した方法】

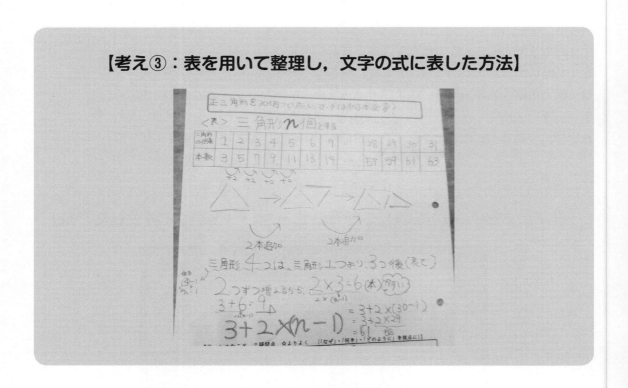

T 発表内容で，わからないところはありますか？

S 28個のとき，57本ってどうやってわかったの？

S 規則をまず見つけて，それを利用して求めた。

S ７のとき14はミスでいい？

S　ミスでいいです。15本になります。

T　発表を聞いて，見つけた数学のよさはありますか？
S　表を使って，＋2ずつ増えていることを見つけていた。
S　見つけた規則をもとにして，n を使って式に表していた。
S　n を用いたことで，あとは式に数を当てはめるだけで本数が求められます。

　この発表の後，文字を用いた式について学習していくことと文字式の表し方のルールを示して，文字式の表し方を確認しました。

③まとめ【ICT 活用ポイント◆】

　ここではこれまでに学習した内容を振り返るために，ロイロノート・スクールを使ってまとめさせました。そうすることで学習した知識を関連付け，概念化することができるようになります。
　なお，中心の内容と2つの数学的な考え方については先に示しておき，生徒はこれまでの授業プリントや黒板プリントを見返していくことで，次のようなまとめを行いました。キーワードとなる内容を振り返らせ，その内容を記述し，関連が高いもの同士を線で結ぶように伝えました。

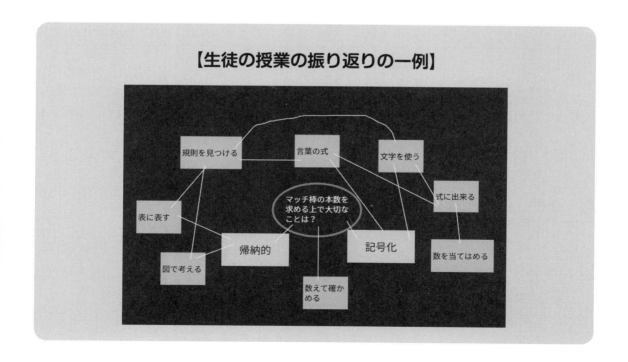

【生徒の授業の振り返りの一例】

『面積を表そう』
（第8時）

❶ 問題

　下の面積を求めるためにつくった式がすべて等しいというためにはどうすればよいでしょうか。

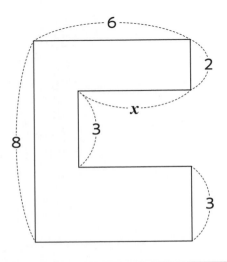

　この問題については，面積を求めるためにつくった式がすべて正しいことをもとに，本当に同じことを表しているかを考えることを目的とします。式のたし算がどうして成り立つのかを考え，文字式の扱い方を学習していきます。

❷ 本時における ICT 活用のポイント

　前出の問題同様，思い付いた解決方法を提出させ，その後全体発表につなげるために ICT の活用を行っていきます。また，授業後の活用として，デジタル教材を利用し，文字式の加法・減法の計算を定着させることも行っていくとよいでしょう。

❸ 授業展開例

①導入

はじめに，次の導入の問題に取り組ませます。

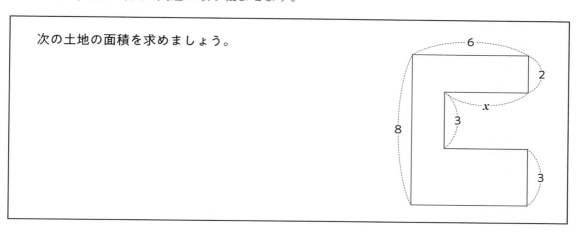

ここでは，様々な考えで面積を求めることを伝えます。ただし，式に着目させていきたいので，生徒には，図と式を用いて説明することと，式は図で考えた内容が伝わりやすい式で表すことを伝えます。個人で考えさせた後，グループで説明する機会をつくり，その後全体で確認を行って，以下の4つの考え方が発表されました。

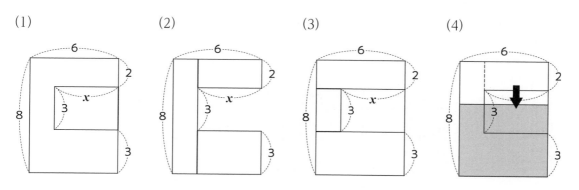

- (1)　$6 \times 8 - 3 \times x$
- (2)　$2 \times x + 3 \times x + 8 \times (6 - x)$
- (3)　$2 \times 6 + 3 \times 6 + 3 \times (6 - x)$
- (4)　$5 \times 6 + 3 \times (6 - x)$

T　4つの式は同じ図形の面積を表しているよね。ということは，この4つの式はどのような関係にある？

S　等しい関係にあります。

T　そうだね。でも式は全然形が違うね。もし，初めから式しかない状態だったら，すべて等しいといえるかな。

S　このままでは，難しそう。

T　では，式だけで，すべて等しいというためにはどうしたらよいかな？

S　計算をして，考えていく。

T　では，その方法について考え，説明してみよう。

　このようなやり取りを行うことで，生徒は式を簡単にしていくことに目を向けることができます。やり取りの後，❶の問題を提示し，解決をさせ始めます。

　その際，ただ計算するのではなく，どのような計算をしていけばよいのか説明することまで求めます。そうすることで前単元の学習を振り返らせ，そこで学習したことをもとに説明しようとする生徒の姿が見られるようになります。

②展開（式を計算することで解決する）【ICT 活用ポイント●】

　ここではどのような考えで説明したかを把握し，共有するために，ロイロノート・スクールに自分の考えを提出させます。

　次に，実際に共有をさせるとともに，グループで自分の考えや他の人の考えについて伝えたり，聞いたり，質問したりします。そうすることで，自分の考えに自信をもたせ発表につなげたり，他の生徒の考えを理解していこうとする姿勢をつくったりします。

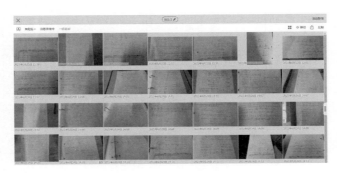

【提出された生徒の考え】

　次に学級全体で，解決方法の確認を行いました。発表された内容には，以下のようなものがありました。

【考え①：x に数を当てはめて計算した方法】

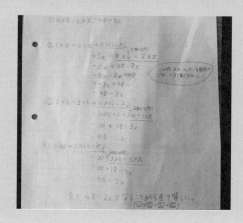

T　発表内容で，わからないところはありますか？

S　どうして1を当てはめたの？　他の数ではだめ？

S　2や3といった他の数でも考えられる考え方。

S　1であると，計算がしやすいので，今回は1を使ったのだと思う。

T　発表を聞いて，見つけた数学のよさはありますか？

S　具体的な数を代入して考えていた。

S　代入することで，答えが出せるので，その答えで比較することができた。

【考え②：分配法則を利用して計算した方法】

T　発表を聞いて，見つけた数学のよさはありますか？

S　すべての式を $48 - 3x$ という式に変えているので，等しいとわかる。

S　分配法則を根拠にして，計算していた。

S　(3)と(4)は同じ式の部分があったので，その部分は省略して説明していた。

T　発表内容で，わからないところはありますか？

S　文字のある式では，分配法則は使っていいの？

T　確かに分配法則は正の数・負の数ではやりましたが，文字式では考えていませんでしたね。どうして分配法則が文字式で使えるのかを考えてみましょう。

S　代入すると等しくなるので，説明できるんじゃないかな？

S　でもそれだと，代入した数のときのものしか説明できないよ。

S　じゃあ，$8 \times (6 - x)$ は $6 - x$ が8個あるって考えて，それを縦に並べると，

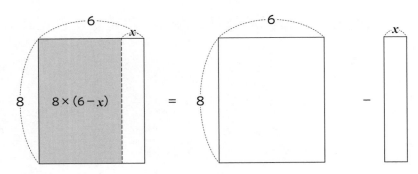

という考えになって，それぞれ8個ずつだから，$6 \times 8 + (-x) \times 8$っていえるんじゃない？

S　なるほど。

T　他に説明はありますか？

S　かけ算を長方形の面積として考えることもやったね。

S

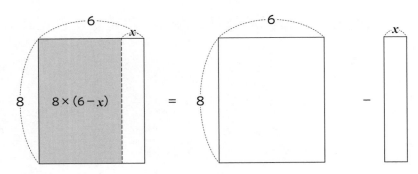

と考えたら説明できるね。

　このやり取りの後，「$2x + 3x = 5x$」についてもどうして成り立つのかを確認し，ここまでのやり取りの中で出てきた考え方を用いて説明する姿が見られました。

その後，できる範囲での，文字式の加法・減法の練習問題を行いました。

③まとめ【ICT活用ポイント◆】

ここでは，前に紹介した授業内容と同様に，これまでに学習した内容を振り返るためにロイロノート・スクールを使ってまとめさせました。そうすることで，学習した知識を関連付け，概念化することができるようになります。

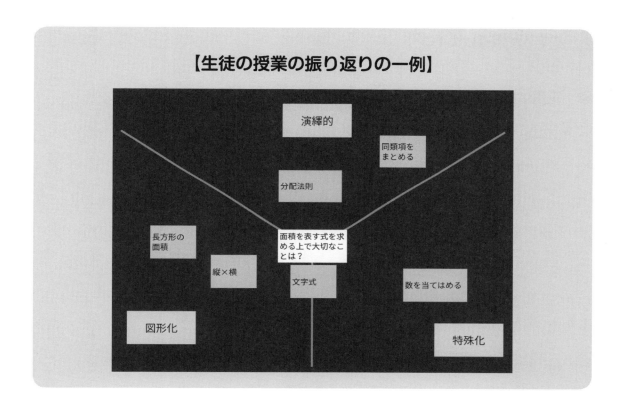

また，まとめを終えた後，学習支援ソフトについて紹介をし，家でやってみることを伝えました。今回使ったのは，問題集に付属している「ぴたサポアプリLITE」です。3択の選択肢があり，それを選ぶだけで，答え合わせができるので，短時間で気軽に計算練習ができます。

【中学ぴたサポアプリ　数学1年　単元2
文字を用いた式　（啓林館）】

方程式
全16時間

本単元における ICT 活用のポイント

❶ 指導の意義とねらいについて

本単元について，中学校学習指導要領（平成 29 年告示）解説　数学編では，

> 　文字を用いた式の学習の上に立って，方程式の必要性と意味及びその解の意味を理解し，等式の性質を基にして一元一次方程式を解く方法について考察し表現する。そして，それらを通して代数的な操作のよさを理解するとともに，一元一次方程式を具体的な場面で活用できるようにする。

とあります（p.72）。

　そのため，まず生徒に方程式にはどのようなよさがあり，何のために用いていくのか，どのように用いていくことが大切なのかを，生徒の活動の中で考えさせ，実感させていく必要があります。また，方程式を具体的な場面で活用させ，その中で方程式の有効性を実感することができるように学習を進めていくことが求められます。

　以上のことから，以下のような取組が必要だと考えます。
1　方程式の必要性と意味を理解し，方程式を解く技能を身に付けることができるようにする。
2　簡単な一元一次方程式を解くことができるようにする。
3　等式の性質を基にして，一元一次方程式を解く方法を考察することができるようにする。
4　一元一次方程式を具体的な場面で活用することができるようにする。

❷ 指導の問題点

問題点1：方程式の操作が先行してしまい理解が伴っていない

　方程式を解くことについては，生徒は操作として移項を覚え，使えるようになる生徒が多いです。一方で移項についての理解が十分ではなく，どのような場合に移項していくのかや，どうして移項を行うことができるのかを説明できない生徒も中にはいます。その結果，移項をすべき場面で，xの係数を1にする計算ミスが出てくることもあります。

問題点2：方程式が解けてしまうと，そこで思考が止まる

　未知数の存在する問題に対して，生徒が一元一次方程式を利用しようとする姿は多く見られます。もちろん，立式について難しさを感じる生徒もいますが，そこを乗り越えれば，方程式を操作的に解けば，未知数を求めることができるので，生徒も方程式を利用するよさを感じやすいです。

　しかし，立式して解くことに力を入れすぎることで，その解が本当に条件を合っているかにまで目が向かないことが多いです。その結果，条件に合っていない解についても，方程式で解いて出てきたのであれば，その答えを用いてしまう生徒の姿が見られることがあります。

❸ 効果的な ICT 活用のポイント

　本単元における ICT の活用についても，第1章で述べた基本的な活用を行っていきます。特に，以下の内容についての活用が有効です。

活用のポイント：解決方法の共有のために活用する

　方程式を理解し，計算を行っていく場面では，ただ計算をするのではなく，その計算がどうして成り立つのかを説明させる活動が有効です。説明させることで，途中式を書く必然性が生まれ，それにより方程式の理解が進んでいきます。

　その際，ロイロノート・スクールなどの授業支援ソフトを用いて，考えを集めた後，共有機能を用いてその考えを生徒同士で見ることができるようにすることで，それぞれどのような説明をしているのかを確認させたり，説明させたりする活動の機会をつくっていきます。これまでのノートや学習プリントでの学習でも行えたことですが，教室の端同士の生徒がお互いの考えを見て，理解を深められることが，ICT の活用のよさであるといえます。

ICT を位置づけた 本単元の指導計画

❶ 単元の目標

> (1) 方程式や比例式の解法を理解し，説明することができる。また，移項をすることで，方程式を解いたり方程式を用いた問題解決をしたりすることを能率的にすることができる。
>
> (2) 方程式や比例式の解法を論理的に考察することができる。また，数量関係を的確に捉えて方程式をつくり，解の吟味をすることができる。
>
> (3) 様々な事象の数量関係について，方程式を利用して解決したり，方程式の計算方法を考察したりするなど，方程式の学習に主体的に取り組み，よりよい考えを導こうとしている。

❷ 単元の評価規準

知識・技能	思考・判断・表現	主体的に学習に取り組む態度
・方程式の必要性と意味及び方程式の中の文字や解の意味を理解している。 ・簡単な方程式，比例式を解くことができる。	・等式の性質を基にして，方程式を解く方法を考察し表現することができる。 ・方程式，比例式を具体的な場面で活用することができる。	・方程式のよさに気付いて粘り強く考え，方程式について学んだことを生活や学習に生かそうとしたり，方程式を活用した問題解決の過程を振り返って検討しようとしたりしている。

❸ 指導計画

時	学習内容	ICT 活用
1〜3	【方程式とその解】 ・方程式とその解の意味，方程式を解くことの意味 ・等式の性質を知り，それを用いて方程式を解くこと	【ICT 活用ポイント●】 【ICT 活用ポイント◆】
4〜11	【方程式の解き方】 ・移項の意味 ・移項して方程式を解くこと ・いろいろな方程式を解くこと ・一次方程式の意味 ・一次方程式を解く手順 ・比例式と比例式を解くことの意味 ・比例式の性質を知り，それを用いて比例式を解くこと	【ICT 活用ポイント●】 【ICT 活用ポイント◆】 【ICT 活用ポイント▼】
	(例) $a:b=c:d$ のとき，$ad=bc$ となるのでしょうか。	$c \div a$ と $d \div b$ の値を文字でおき，内項の積と外項の積が等しくなることの説明を，ロイロノート・スクールを用いて発表させる。
12〜16	【方程式の利用】 ・身の回りの場面から問題を設定し，方程式を利用して問題を解決すること ・方程式の解が，問題に合っているかどうかを吟味すること ・方程式を利用して，いろいろな問題を解くこと ・方程式を使って問題を解く手順 ・比例式を利用して，問題を解くこと	【ICT 活用ポイント●】 【ICT 活用ポイント◆】

『買ったりんごの個数を考えよう』
（第1時）

❶ 問題

> 1000円を持って150円のリンゴを何個か買ったら，おつりが100円でした。
> リンゴを何個買ったのでしょうか。

　この問題は，単元の導入問題として取り扱います。導入問題では，条件不足の問題文を用意し，問題の条件に目を向ける習慣をつくるきっかけとします。

　次に，問題の条件を追加して取り組ませます。問題については，小学校算数の内容を含め，これまで学習したことをもとにして説明を書くことを伝え，様々な説明をするように伝えます。帰納的な考え方や順番にたし算をして求める考え方とともに，文字式を用いて関係を考えて，その関係に当てはまる数を求める考え方を取り上げ，関係式で表すよさや，方程式を解いていくことへの興味が高められるようにするとよいでしょう。

❷ 本時における ICT 活用のポイント

　生徒は，小学校においても未知数を○や□，xやyとして式を表し，そこに当てはまる数を求める経験をしてきています。また，前単元においても，関係を文字式に表す学習を行っており，その内容を想起させて学習を進めさせたいところです。

　この問題では，ICT を活用し，どれくらいその関係式を用いていこうとしているのかという生徒の現状を把握していきます。思い付いた解決方法をすべて提出させ，「文字式のよさを実感しているのか」「様々な考えで具体的な場面の問題について取り組めるのか」といったことを把握し，この後の学習につなげていきます。また，提出された解決方法は，共有機能を用いて生徒同士で話合いをさせ，生徒の疑問から授業をつくっていくようにするとよいでしょう。

❸ 授業展開例

①導入

この問題については，はじめに導入の問題を提示します。

1000円を持って150円のリンゴを何個か買いました。リンゴを何個買ったのでしょうか。

導入の問題では，問題に興味をもたせるとともに，問題の条件についてよく読み，把握していく習慣を付けさせていきます。条件が不足していることに気付かせ，他にどのような条件が必要なのかを考えさせます。

1000円持って150円のりんごを何個か買いました。りんごを何個買ったでしょうか。

【問題を示したスライド】

T　答えはいくつになりますか？

S　最大6個。

T　最大ってつけたのはどうして？

S　条件が不足していて何個か求められない。

T　そっか。この問題では答えが一つには決まらないんだね。じゃあ，どんなことが他にわかれば，答えは一つに決まりそうかな？

S　買えるだけって言葉があるといい。

S　合計の代金がわかればいい。

S　おつりの額がわかればいい。

T　そういった，条件が一つ加われば求められるんだね？

S　はい。

このようなやり取りを行うことで，生徒は条件に目を向け，必要な条件がそろっていることが大切であると実感できます。やり取りの後，❶の問題を提示し，解決をさせ始めます。

②展開（様々な方法で解決をさせる）【ICT活用ポイント●】

ここでは，様々な方法で解決をし，その内容をロイロノート・スクールに提出させます。

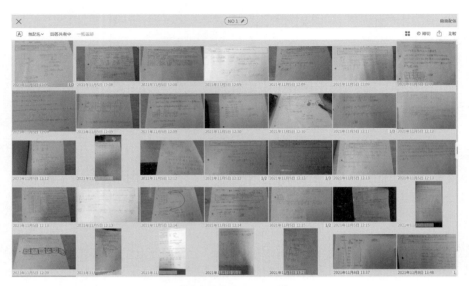

【提出された解決方法】

　提出された解決方法には，りんごを一つずつ増やしていって説明する考えや，計算で支払ったお金を割り算で求める考え，□などの記号において式にして逆算で求める考えなどが提出されました。提出された内容を共有し，他の生徒がどのような解決方法を行っているかを確認させ，その内容でわからないことがあればグループで話し合うように伝えました。

　次に，学級全体で解決方法の確認を行いました。発表された内容は，以下のようなものがありました。

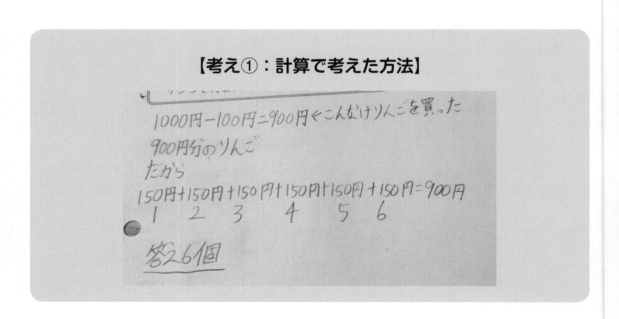

T　発表を聞いて，見つけた数学のよさはありますか？

S　まず何円かかったかを考えてから，個数を求めようとしていました。

S　すべてたし算，ひき算だけで考えようとしていて，誰にでもわかりやすい考え。

T　説明をよりよくするために，何か意見はありますか？

S　増やしていったら6個とわかるように表すとよい。

S　150＋150＋…＝900だと，はじめから6個とわかっている説明。
　　900＝150＋…としていって説明していった方が自然だと思う。

S　計算だけで済ませるなら，割り算で表した方が簡単だと思う。

　次に，増やしていったら6個とわかるように表すとよいという生徒の発言をもとに，それが
わかりやすく表されている解決方法はないかを聞きました。
　すると，次のような解決方法が発表されました。

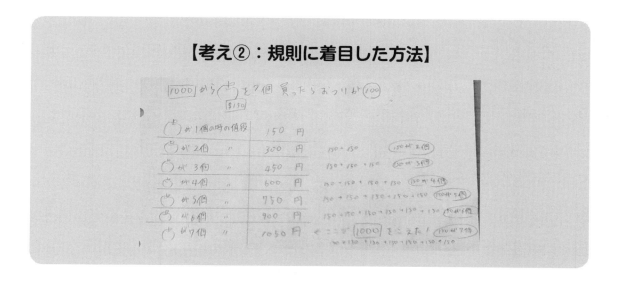

T　発表を聞いて，見つけた数学のよさはありますか？

S　金額の変化に着目して，規則を求めていた。

S　表の考えを用いて，式を整理して考えていた。

　この発表の後，さらに他の考えがないかを確認し，次のような考えが発表されました。

【考え③：記号を用いて文字の式に表した方法】

$$1000 - \boxed{150 \times \triangle} = 100$$
$$\downarrow$$
$$900$$
$$(1000 - 100)$$
$$150 \times \triangle = 900$$
$$\triangle = 900 \div 150$$
$$\triangle = 6$$

T　発表を聞いて，見つけた数学のよさはありますか？

S　りんごの個数を記号で表すことで，関係を表すことができている。

S　式にすることで，頭の中の考えを整理できる。

S　つくった式を少しずつ変化させることで，個数を求めている。

T　150円×△＝900円の式から△＝900円÷150円としているけど，この2つの式の間で使った考えは何かな？

S　逆算をしています。

　この発表の後，△が表しているものが，未知数であること。また，未知数を求めるためにつくった関係式を方程式ということを確認しました。

③まとめ【ICT活用ポイント◆】

　問題解決後，これまでに学習した内容を振り返るために，ロイロノート・スクールを使ってまとめさせました。そうすることで学習した知識を関連付け，概念化することができるようになります。

　また，その際，ここまでの学習をまとめた黒板プリントを Google Classroom を用いて配付します。そうすることで，黒板だけでは伝えられなかった内容や，書ききれなかった内容を再現し，生徒にとってまとめのときだけでなく，次時以降の学習の機会にも詳しい内容が思い出せるような環境を用意します。

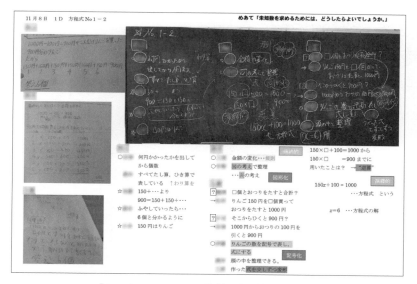

【Google Classroom で配付した黒板プリント】

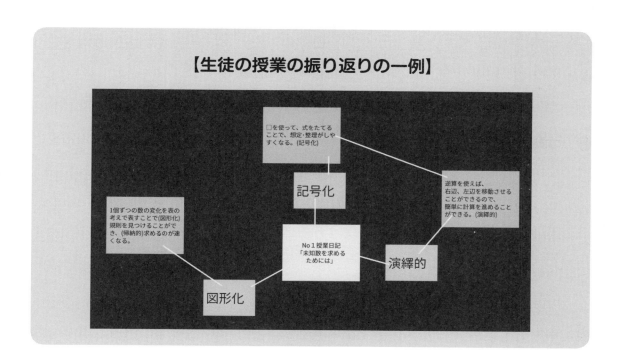

『方程式を能率的に解こう』
（第8時）

❶ 問題

> 次の方程式を能率的に解きましょう。
>
> (1) $\dfrac{x+1}{2} = \dfrac{1}{3}$
>
> (2) $0.2(3x-5) = -1$

　教科書にもあるような問題ですが，その過程を能率的に解くという視点で考えさせることが大切です。生徒には，整数の問題と同様の操作をすると大変であることから，工夫することについて考えさせ，その根拠に等式の性質をはじめ，これまで学習したことを用いて説明させることで，計算の根拠になっているものを意識させていくことを目的とします。

❷ 本時における ICT 活用のポイント

　前出の問題同様，思い付いた解決方法を提出させ，その後全体発表につなげるために ICT の活用を行っていきます。

　また，振り返りを複数回の授業をまとめて行うため，これまで学習した内容が振り返りやすくなるように，これまでの黒板をまとめた黒板プリントを Google Classroom にアップして配付していきます。

❸ 授業展開例

①導入

T この２つの方程式を解こうと思うんだけど，これまでと比べてどうかな？

S 分数や小数があって，計算が面倒そう。

S （ ）もついているので，それも外さないと計算できなさそう。

T そうだね。今日はそういった面倒な計算が必要そうな方程式のときに，どうすれば能率的に解いていけるかを考えてほしいんだけど。その前に，能率的ってどんなことを意識するとよかったかな？

S 計算なら，早く正確に解けることだったかな。

T そうだったね。早く正確に解くためには，この方程式をどのように計算していけばよいか考えて，計算していきましょう。

このようなやり取りの後，方程式の計算に取り組ませます。

②展開（式を計算することで解決する）【ICT 活用ポイント●】

共有するために，ロイロノート・スクールに自分の考えを提出させます。

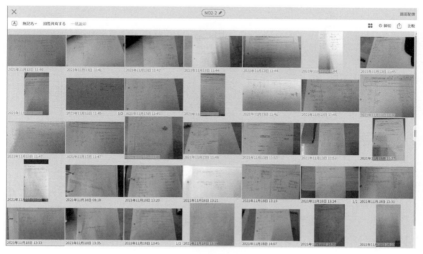

【提出された生徒の考え】

次に，学級全体で，解決方法の確認を行いました。発表された内容は，以下のようなものがありました。

【(1)について】

$(1)\ 3x+3=2$

$3x=-1$

$x=-\dfrac{1}{3}$

〈せつめい〉

$\dfrac{x+1}{2}=\dfrac{1}{3}$

分母をはらう
×6をする

$\dfrac{x+1}{2}×6^3=3x+3$

$\dfrac{1}{3}×6=2$

$3x+3=2$
$3x=2-3$
$3x=-1$

【(2)について】

$(2)\ 0.2(3x-5)=-1$

$0.2(3x-5)×10=-1×10$　　　0.2を10倍する

$2(3x-5)=-10$　　　分配法則

$6x-10=-10$

$6x=0$

$x=0$

T　2人の発表を聞いて，見つけた数学のよさはありますか？

S　分数や小数を整数にしていた。

S　最小公倍数を用いて整数にしているので，簡単に計算できる。

S　等式の性質を利用して，整数にしていた。

S　(2)については，括弧を外すために，分配法則を使っていた。

S　小数を整数にするためには，10倍すると，小数点を動かすだけなのでわかりやすい。

T　2人の発表を聞いて，疑問はありませんか？

S　(2)で10倍しているけど，どうして，（$3x-5$）は10倍されないの？

S　$3x-5$をAとおくと，$0.2A=-1$

これを10倍すると，$2A=-10$となるのが，等式の性質だからだよ。

③まとめ【ICT活用ポイント◆】

　これまでに学習した内容を振り返るために，ロイロノート・スクールを使ってまとめさせました。なお，この授業だけでなく，方程式の解き方と比例式の解き方を含め振り返りをさせます。いくつかの授業の振り返りをするときには，Google Classroom で配付する黒板プリントが有効です。

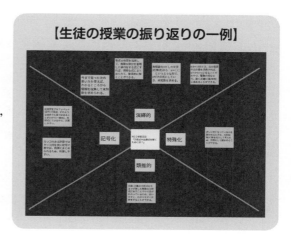

【生徒の授業の振り返りの一例】

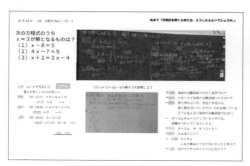
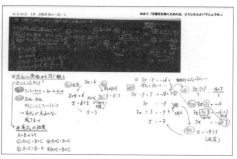
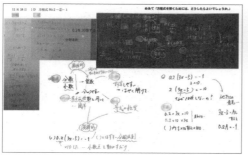

【方程式・不等式の学習をまとめた黒板プリント】

『方程式の利用』
（第14時）

❶ 問題

> (1)　弟が 2 km 離れた駅に向かって家を出てから，10分たって兄が自転車で同じ道を追いかけました。弟の歩く速さは毎分80m，兄の自転車の速さは毎分240m であるとすると，兄は出発後何分で弟に追いつくでしょうか。
>
> (2)　兄が出発したのは弟が家を出てから15分後，弟の歩く速さを毎分100m，兄の自転車の速さを毎分300m としたとき，兄は出発後何分で弟に追いつくでしょうか。

　まず，問題(1)で方程式を利用していくことのよさを実感させられるように指導していきます。そして，問題(2)で条件を変更して問題に取り組ませます。

　問題(2)については，「追いつくでしょうか」と問いかけているため，生徒にとって条件に当てはまる解があるように感じる問題です。しかし，解を吟味すると，条件に合わないことがわかります。この問題を通じて，解を吟味することの必要性を感じるように指導していくことが大切です。

❷ 本時における ICT 活用のポイント

　思い付いた解決方法を提出させ，共有することで，理解を深めたり，疑問をもってその後の全体発表につなげるために ICT の活用を行っていきます。

> 弟が 2 km離れた駅に向かって家を出てから，10分たって兄が自転車で同じ道を追い掛けました。弟の歩く速さは毎分80m，兄の自転車の速さは毎分240mであるとすると，兄は出発後何分で弟に追い付くでしょうか。

【スクリーンに表示した問題①】

072

❸ 授業展開例

①導入 1

　導入では，現実的な場面と数学の問題をつなぐために，数学的な考え方を伝えます。次のようなやり取りの後，問題に取り組ませました。

T　分速80mで歩くとあるけど，実際に人間はそんなふうに歩くことができるかな？

S　できない。

T　そうだね。でも，今回の問題は分速80mでずっと考えていくことになるよね。この速さはどのような速さと考えればいいかな？

S　平均かな。

S　確かに，平均ならあり得る。

T　そうだね。本当だったら，人間は一定の速さで動くことなんてできないね。でも，逆に速くなったり遅くなったりした状態で考えられるかな？

S　できない。

T　だから，今回の問題のように，現実の内容を変えて数学で考えられるようにすることがあるんだよ。

②展開 1 【ICT 活用ポイント●】

　共有するために，ロイロノート・スクールに自分の考えを提出させます。

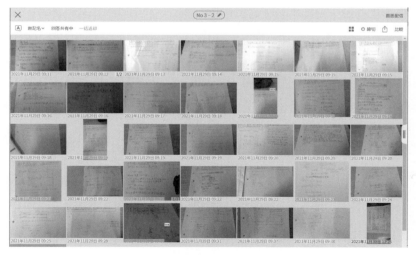

【提出された解決方法】

次に，学級全体で解決方法の確認を行いました。発表された内容は，以下のようなものがありました。

【問題(1)の解決方法】

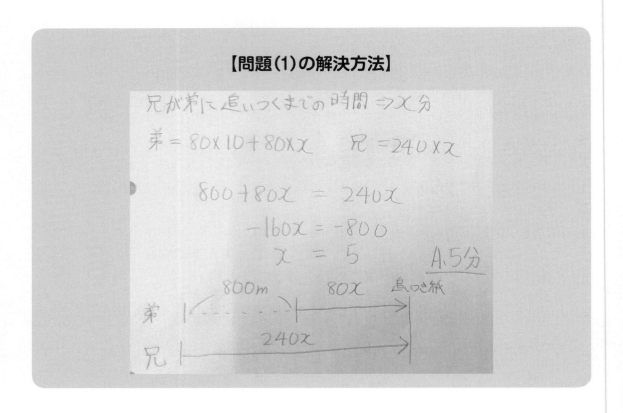

T　発表を聞いて，見つけた数学のよさはありますか？

S　線分図を使うことで，兄と弟の関係を整理していた。

S　時間を x として考えていた。

S　x を用いた関係式を立てて，方程式にして考えていた。

S　兄と弟の両方でわからない共通のものを x としているので，後は解くだけでわかる。

T　よりよい解決方法にするために，何かありますか？

S　兄と弟の式を＝にしてよい理由を示すと，よりわかりやすい。

T　どのようなことを書くとよいでしょうか？

S　追いつく時間を考えているので，「追いついたとき，距離が等しくなるので」ということを書くとよい。

③導入2

T　今度は別の日の出来事ね。先ほどの問題と違って兄の出発時間が遅くなりました。また，移動の速さはそれぞれ速くなったとします。このときは何分後に追いつくでしょうか？

> 弟が２km離れた駅に向かって家を出てから，１５分たって兄が自転車で同じ道を追い掛けました。弟の歩く速さは毎分１００m，兄の自転車の速さは毎分３００mであるとすると，兄は出発後何分で弟に追い付くでしょうか。

【スクリーンに表示した問題②】

④展開2 【ICT 活用ポイント●】

　共有するために，ロイロノート・スクールに自分の考えを提出させます。

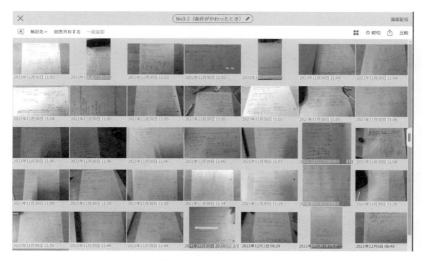

【提出された解決方法】

　今回は，共有することで，生徒同士の話合いの中で，一部の生徒が「追いつけない」と結論付けていることに気付き，徐々にこの問題の条件では追いつけないことや，もし駅でそのまま弟が待っているとしたら何分に追いつけるかといった，グループでの話合いが活発に行われました。

次に，学級全体で解決方法の確認を行いました。以下のような内容が発表されました。

【問題(2)の解決方法】

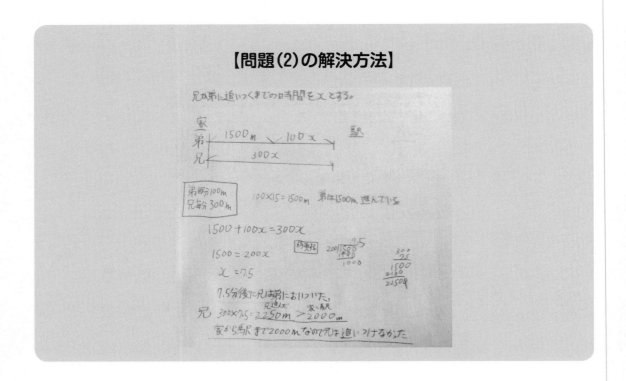

T　発表内容で，わからないところはありますか？

S　この問題に対してこの答えでいいのかな？

S　追いついたの？　追いつかなかったの？

S　方程式を解いたことで7.5分とわかった。

S　仮に追いついたとしたら，7.5分だけど，7.5分で何m進んだかを考えると，2250mかかり，2000mを超えてしまうので追いつけなかったと考えていた。

S　駅に着いたら，その後弟はどうするか条件にないので，わからない。

T　発表を聞いて，見つけた数学のよさはありますか？

S　方程式の解をもとに，本当に追いつけるかを考えていた。

S　線分図を用いて，兄と弟の関係性を整理していた。

S　x を用いて関係を式に表し，図にも記入していた。

T　この考えをよりよくするために，何か意見はありますか？

S　x 分と単位をつけるといい。

S　方程式の途中式をもう少し書くといい。

⑤まとめ【ICT 活用ポイント◆】

　問題解決後，これまでに学習した内容を振り返るために，ロイロノート・スクールを使って
まとめさせました。なお，いくつかの問題を含め，振り返りを行いました。

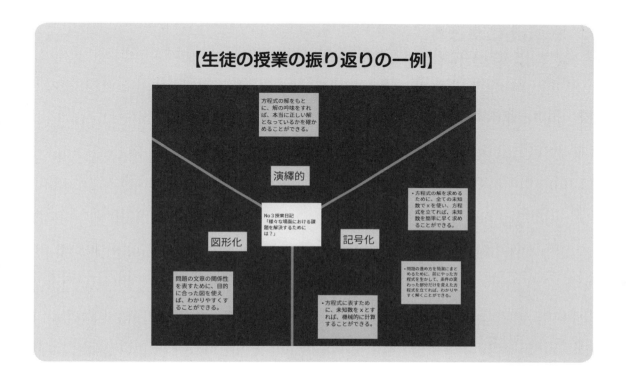

変化と対応
全18時間

本単元における ICT 活用のポイント

❶ 指導の意義とねらいについて

　私たちの身の回りでは，様々なものが変化しています。その変化も「急に変化するもの」「変化していないように見えるが，微少に変化しているもの」など様々です。また，その変化の様子から，先を予想したり，より細かく見て分析したりすることができるようになります。このような変化を捉える際に，関数を用いて考えることは有効です。

　「関数」指導の意義について，中学校学習指導要領（平成 29 年告示）解説　数学編では，

> 　自然現象や社会現象などの考察においては，考察の対象とする事象の中にある対応関係や依存，因果などの関係に着目して，それらの諸関係を的確で簡潔な形で把握し表現することが有効である。

> 　中学校数学科では，具体的な事象の中から二つの数量を取り出し，それらの変化や対応を調べることを通して，関数関係を見いだし考察し表現する力を 3 年間にわたって徐々に高めていくことが大切である。

と書かれています（p.50）。

　以上のことから，以下のような取組が必要だと考えます。

1　身近な具体的事象から，関数関係にある 2 つの数量を見いだすことができるようにする。

2　関数関係にある 2 つの数量の変化の様子や対応の仕方の特徴を調べ，基本的な関数についての特徴を，表・式・グラフなどから考察し，理解できるようにする。

3　関数的な見方や考え方により，問題解決を図ることができるようにする。

❷ 指導の問題点

問題点1：帰納的に解決をする場面が少ない

　グラフの特徴を捉える際に，比例定数の正負や大小の考察において，あらかじめ比例定数が正負の場合，大小の場合と示され，それらのグラフをかいた上で，グラフの特徴を比べて気付いたことは何かを考察する問題が多いです。

　このように，はじめから比較する視点が示されている問題では，「特徴を調べること」はできても，「どのように比較すればよいのか」を学ぶことはできません。そこで，ICTを活用することで複数のグラフを比較しやすくなり，これらの問題を帰納的に解決することができるようになります。

問題点2：動的なものの図形操作がしにくい

　関数を指導する際，特に動点問題の考察において図や点の運動についての情報は与えられているものの，どのような動きをするのか図形操作がしにくい問題が多くあります。

　1年生のはじめは，点がどこにあるのか，どのような動きをするのか，それによって図形はどのような形になるのかを可視化した上で表・式・グラフと関連付けができるようになるとよいでしょう。そこで図形操作がしやすいようにICTを活用することで，可視化したものを表・式・グラフに変換し，数学の知識を使った解決をすることができるようになります。

❸ 効果的なICT活用のポイント

　上記の問題を，ICTを以下のように活用することで解決することができます。

活用のポイント1：複数のグラフから帰納的に解決する

　複数のグラフを調べる上で，関数グラフソフトGRAPES-lightを用いることが有効です。グラフをかいた後，比例定数の値を細かく変更することができるので，比例定数の大小比較や，絶対値の比較などに生徒自身が気付きやすくなります。

　実際に使うときには，aの値によってグラフがどうなるのかを考えさせる問題において，複数確かめる必要性があることを生徒が実感してから，このソフトを使ってaの値による変化を示します。そうすることで，aの値を大小，正負で比較することができるようになります。

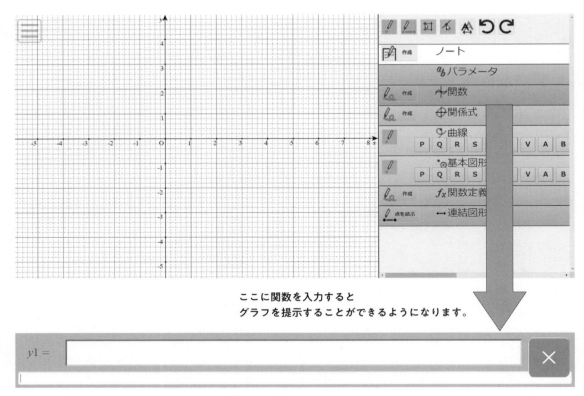

ここに関数を入力すると
グラフを提示することができるようになります。

$y1 =$

【GRAPES-light の初期画面】

活用のポイント 2 : イメージしにくい動点問題を可視化して解決する

　動点問題をイメージしやすいように GC を使って図を作成します。実際に使うときには，四角形 ABCD と，各点を結んだ三角形 BPQ の 2 つを作成し，点 P，Q を動かせるようにすることで，動点問題を可視化します。そうすることで，点がどこにあるのか・どのような動きをするのか，それによって図形はどのような形になるのかを可視化することができるようになり，表・式・グラフを用いて考察することができるようになります。

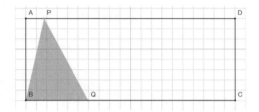
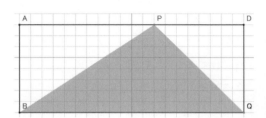

【動点問題を可視化した画像】

ICTを位置づけた
本単元の指導計画

❶ 単元の目標

（1） 2つの数量の変化を比例，反比例の関係として捉え，それらを表・式・グラフに能率的に表すことができる。また，比例，反比例の変化と対応の様子や表・式・グラフの特徴を理解し，説明することができる。

（2） 比例，反比例について，表やグラフの特徴について論理的に考察することができる。また，具体的な事象の中から比例，反比例の関係を見いだし，それらを表・式・グラフに表して論理的に考察することができる。

（3） 具体的な事象の中から比例，反比例などの関数関係を見いだし，それを表・式・グラフに表して考察したことをもとに，具体的な場面において主体的に取り組み，様々な解決方法を吟味し，よりよい考えを導こうとしている。

❷ 単元の評価規準

知識・技能	思考・判断・表現	主体的に学習に取り組む態度
・関数関係の意味を理解している。 ・比例，反比例について理解している。 ・座標の意味を理解している。 ・比例，反比例の関係を表・式・グラフに表すことができる。	・比例，反比例として捉えられる2つの数量について，表・式・グラフを用いて調べ，それらの変化や対応の特徴を見いだすことができる。 ・比例，反比例を用いて具体的な事象を捉え考察し表現することができる。	・比例，反比例のよさに気付いて粘り強く考え，比例，反比例について学んだことを生活や学習に生かそうとしたり，比例，反比例を活用した問題解決の過程を振り返って検討しようとしたりしている。

❸ 指導計画

時	学習内容	ICT 活用
1〜3	【関数】 ・変数と関数の意味 ・関数の様子を，表やグラフで調べること ・変域の意味を理解し，変域を不等号を用いて表すこと 1枚　　2枚　　3枚　　　4枚	【ICT 活用ポイント●】 【ICT 活用ポイント◆】 （例）タイルの枚数が増えるとそれに伴って変わるものを挙げ，分類しましょう。
4〜10	【比例の式】 ・式から定数の意味を理解し，比例の関係を知ること ・比例定数の意味と比例の性質 ・与えられた条件から比例の式を求めること 【座標】 ・座標の意味を理解し，点を座標平面上に表すこと ・座標を用いて，平面上の点が一意的に表されること 【比例のグラフ】 ・比例のグラフの意味とかき方，その特徴 ・比例の表・式・グラフの相互の関連をまとめること	【ICT 活用ポイント■】 【ICT 活用ポイント★】 【ICT 活用ポイント●】 【ICT 活用ポイント◆】
11〜14	【反比例の式】 ・反比例の関係を式に表すこと ・比例定数の意味と反比例の性質 ・与えられた条件から反比例の式を求めること 【反比例のグラフ】 ・反比例のグラフの意味とかき方，その特徴 ・反比例の表・式・グラフの相互の関連をまとめること ・比例の関係と反比例の関係の特徴を比べ，変化の様子やグラフの形などの観点でまとめること	【ICT 活用ポイント■】 【ICT 活用ポイント★】 【ICT 活用ポイント●】 【ICT 活用ポイント◆】 （例）なぜ $y = \dfrac{12}{x}$ のグラフは直線にならないのでしょうか。
15〜17	【比例・反比例の利用】 ・身の回りの場面から問題を設定し比例を利用して問題を解決すること，比例のグラフから数量の関係を読み取り問題を解決すること	【ICT 活用ポイント■】 【ICT 活用ポイント★】 【ICT 活用ポイント●】 【ICT 活用ポイント◆】
18	・反比例の関係を利用して，問題を解決すること	

『比例定数による変化を調べよう』
（第5時）

❶ 問題

> GRAPES-light を使って，比例定数とグラフの傾きについて調べましょう。

　この問題では，比例定数とグラフの傾きの関係について調べ，比例定数の大小や絶対値の関係についてまとめさせます。その際に，複数のグラフをかくことで違いを可視化することができるようにするとともに，なぜそのように判断することができるのかを，具体的な数値を使って説明させます。

　前時までに，なぜ直線だといえるのか，能率的にグラフを書くためにはどうすればよいかについてはプリントを使って授業を行っています。その上で，本時は比例定数の変化によるグラフの形の変化に着目するために，GRAPES-light を使います。

❷ 本時における ICT 活用のポイント

　複数のグラフをかく際に，GRAPES-light のグラフ機能を使って複数のグラフをかかせます。この GRAPES-light は，式を入力するだけで自動的にグラフをかくことができるので，比較してわかったことをまとめる際にも有効です。

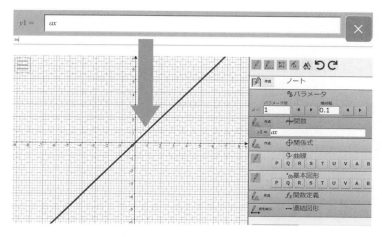

【入力画面と $y = x$ のグラフ】

❸ 授業展開例

①導入

はじめに，GRAPES-light を使って様々な比例定数を入力し，グラフがどのようになるのかを調べることを伝えます。そして，比例定数とグラフの傾きの関係についてどのようなことがいえるのかを考えさせます。

T 式をもとにグラフがどのようになるのかを調べるためにはどうすればよいでしょうか？
S いろいろなグラフをかいてみて共通点や相違点を見つければいい。
S 比例定数の大小でグラフがどのように動くのかを見ればいい。
S 比例定数の正の数・負の数の違いによってグラフがどのようになるのかを見ればいい。
T GRAPES-light を使って調べ，見つけたことがいつでもいえるのか考えてみましょう。

このようなやり取りを行うことで，生徒は様々な比例定数を比較しながらどのような特徴があるのかを考えるとともに，どのように説明をすればよいかを考えることができるようになります。

②展開（パラメータを変えて複数のグラフを比較する）【ICT 活用ポイント★】

ここでは，比例定数とグラフの特徴について見つけたことがいつでも成り立つのかを証明する場面です。

【考え①：比例定数の大小によってグラフの傾きが変わること】

比例定数が大きくなると傾きが大きくなります。理由は，x の増加量が 1 増えると，y の増加量が比例定数分増えるからです。

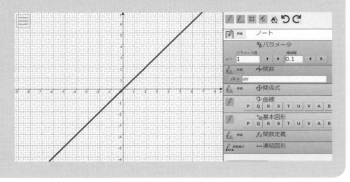

T 発表を聞いて，見つけた数学のよさはありますか？

S 比例定数の大小を比較するために，$a = 1$，2，3のときとわかりやすい値にした。

S 傾きが大きくなることを増加量に着目して説明していた。

S xの増加量を決めることで，yの増加量だけで比較することができる。

T 発表を聞いて，疑問に思ったことはありますか？

S aが負の数のときはどうなりますか？

　ここでは，「aが負の数のときはどうなりますか？」という質問に答えられる調べ方をした生徒を意図的指名します。

【考え②：比例定数の正負によってグラフの傾きが変わること】

比例定数が正の数のときは右上がりで，負の数のときは右下がりです。理由は x の増加量が1のとき，y の増加量は＋1，－1になるからです。

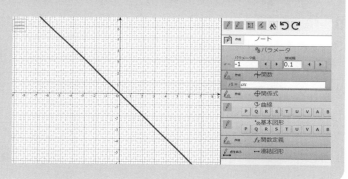

T 発表を聞いて，見つけた数学のよさはありますか？

S 比例定数の正負を比較するために，$a = 1$，－1のときとわかりやすい値にした。

S 傾きが変わることを増加量に着目して説明していた。

S xの増加量を決めることで，yの増加量だけで比較することができる。

T 発表を聞いて，疑問に思ったことはありますか？

S $y = x$と$y = -x$のグラフは原点で垂直になっています。このことはどのグラフでもいえますか？

T それでは，どのようなときにグラフが垂直になるのかを調べてみましょう。

　ここでは，生徒の疑問をもとに問題解決をします。GRAPES-light を使うことで，グラフの形と比例定数の関係について様々なことを調べさせることができます。

【考え③：グラフの角度が90°になること】

比例定数が a のとき，他方は a の負の逆数のときに垂直に交わっています。理由は，比例定数が正の数のときにできる角度を m としたとき，負の逆数のときにできる角度も同じで，2直線の角度は $m +（90-m）=90°$ になります。

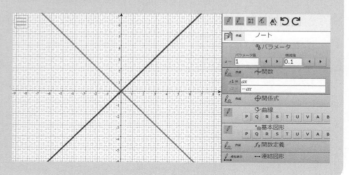

T　発表を聞いて，見つけた数学のよさはありますか？

S　傾きを文字で置くことで，90°になっていることを説明することができる。

S　$a=1$ と -1 は，特別な場合だということがわかった。

③まとめ（思考ツールを使ってまとめる）【ICT活用ポイント◆】

ここではこれまでに学習した内容を振り返るために，ロイロノート・スクールの思考ツールを使ってまとめさせます。そうすることで学習した知識を関連付け，概念化することができるようになります。なお，キャンディチャートの右側には反比例の場合を書くため，あらかじめ空けるよう指示をします。

【生徒の授業日記】

比例のグラフの特徴を調べるためには，比例定数に着目すればよいです。そうすることで，グラフがどのように変わるかを場合分けして比べることができるようになります。具体的には，比例定数の正負に着目します。絶対値を同じ

にして比べると，正の数のときは右上がりで，負の数のときは右下がりになっていることがわかります。また，同符号で比べると，数が大きくなるほど傾きが急になることがわかります。

『動点問題(1)』
(第15時)

❶ 問題

長方形 ABCD があります。点 P は A から D に，点 Q は B から C に向かって動きます。v, w, x, y, z はそれぞれ何を計測したものでしょうか。

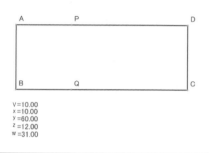

示されている値が何なのかを考察する問題です。点 P，Q を動かしながら，対応するものに着目させることで，動点問題の導入として取り扱います。

❷ 本時における ICT 活用のポイント

動点問題について考察する際に，「時間と面積の関係を考察しましょう」といったように，あらかじめ考察する 2 つの変数が示されている問題が多いです。そこで，本時のような問題をGC を用いて取り入れることで，生徒は自ら問題を見いだし，問題解決をすることができるようになります。

その際に教師と生徒とのやり取りが重要であり，以下のように，生徒の疑問に対して制限をすることなく，様々な場合を調べながら考察することを促していくことが重要です。

① S　距離を定規で測ってもいいですか？
　　T　いいですよ。定規で測らなくてもいい方法を見つけたら大発見ですね。

②   S z, w は点 P，Q を動かしても変わりません。他の点を動かしてもいいですか？

     T   いいですよ。値が変化しないとはどういうことでしょうか？

❸ 授業展開例

①導入（図形を動かして変化と対応を考察する）【ICT 活用ポイント■】

はじめに問題を提示し，どのような図形なのかを説明します。そして，図形を動かしながら，5つの値が何を示しているのか考察することを伝えます。

T   5つの値は何を計測しているのか考えましょう。

    （GC を使って動かします）

T   それぞれの値の特徴で気付いたことはありますか？

S   点 P を動かすと，v の値が変化する。

S   点 Q を動かすと，x，y の値が変化する。

S   点 P，Q を動かしても，z，w の値は変化しない。

S   点 A を動かすと，z の値が変化する。

このようなやり取りを行うことで，生徒は点と値の関係がどのようになっているのかを想像しながら，考察することができるようになります。

②展開（GC を用いて自分の考えを発表する）【ICT 活用ポイント★】

ここでは，GC を使って見つけた対応関係について発表させます。その際に，どのように判断をしたのかを聞くことで，図と値の対応に着目したのか，変化に着目したのかを聞き出し，関数として考えるよさを見いだすことができるようになります。

【考え①：動かして判断する方法】

点 P を動かすと，v の値だけが変わるので，v は AP の距離だと予想できます。

点 P，Q を動かしても，z，w は変化しないことから，長方形の長さだと予想することができます。また，$z < w$ より，z は AB の長さ，w は BC の長さだと予想できます。

T　発表を聞いて，疑問に思ったことはありますか？

S　z，wについては，点A，B，C，Dを動かさないと判断できないのでは。

S　実際に点Bを動かしてみるとz，wの値が変化するので，考え①は正しいと判断できる。

T　発表を聞いて，見つけた数学のよさはありますか？

S　点を動かして変化した値に着目することで，何が対応しているかを判断できる。

【考え②：具体的な場面にして判断する考え】

　点Pと点Qを上下で同じ位置にすると，vとxは同じ値になるので，xはBQの距離だと予想できます。

　点Qを動かすと，xとyが変化します。xはBQの長さだということがわかっているので，yは△BPQの面積だということがわかります。

T　発表を聞いて，見つけた数学のよさはありますか？

S　点P，Qを同じ位置にすることで，vとxが同じ値であることに気付くことができた。

S　特別な場合を見つけることで，対応しているものを判断することができる。

T　発表を聞いて，疑問に思ったことはありますか？

S　面積だと判断する際に，点Qを点Cに重ねることで，面積の公式から求めることができる。こちらの方が，計算式で求めることができるので，より正確だと思う。

T　このように，点を動かすことでたくさんの発見がありましたね。点を動かすと値が変化するという意見がありましたが，どのように変化をしているのでしょうか？

　このように，動点問題について何が変化しているのか，何が対応をしているのかを考えさせることで，第16時の問題に取り組む際に，生徒は主体的に問題解決に取り組むことができるようになります。

『動点問題(2)』
（第16時）

❶ 問題

> 　縦 1 cm，横 8 cm の長方形があります。点
> P は A から D に向かって毎秒 1 cm で，点 Q
> は B から C に向かって毎秒 2 cm で同時に出
> 発して動きます。点 P，Q，B を結び△ PBQ をつくります。
>
>
>
> 　このとき，点 P と点 Q が同時に出発してから x 秒後の，△ PBQ の面積を $y \mathrm{cm}^2$ とする
> と，x と y はどんな関係になりますか。点 P が点 A から点 D まで動く間について考えま
> しょう。

　違う速さで移動する点がつくる図形の時間と面積の関係を，数学で表現する問題です。具体
的な場面を想定しながら問題解決をする際に，点がどのように動くかを 1 秒ごとに表にして分
析をしたり，グラフにして変化の様子を把握したりすることが求められます。

❷ 本時における ICT 活用のポイント

　図を示し，点がどのように動くのかを可視化することが重要です。ここでは，GC を活用し，
2 点がどのように動くのかを示すことが有効です。その際に，教師の問いかけが重要であり，
このような問題においては，以下の 4 つがポイントとなります。
　①　はじめに，それぞれの点はどこにありますか？
　②　2 つの点はどのように動きますか？
　③　点 Q が C についてしまったらどうしますか？
　④　いつ終わりますか？
　このようなポイントが押さえられるような発問や問いかけをし，図を生徒に動かさせながら
場面を把握させることで，想像が難しい動点問題も容易に考えることができるようになります。

❸ 授業展開例

①導入（図形を動かして変化と対応を考察する）【ICT 活用ポイント▓】

はじめに問題を提示し，どのような図形なのかを説明します。そして，図形を動かしながら，時間と面積の関係に着目させます。

T　2つの点がどのように動いているのか考えましょう。
　　（代表生徒に電子黒板に提示された図を，GC を使って動かさせます）
T　今，どのようなことに気を付けて図を動かしていたでしょうか？
S　2点のはじめはA，Bだから，点A，B上から始めた。
S　2点の動く速さが違うことを意識して動かした。
S　点Qがはじめに点Cにつくので，それ以降は点Pだけを動かした。
S　点Pが点Dについたら終わりになることを言っていた。
S　点P，Qは1秒ずつ区切れて動くのではないことを表すために，同じ速さで動くように工夫していた。

このようなやり取りを行うことで，生徒は図形がどのように動くのかを想像しながら，表やグラフなど数学を使って解決することができるような表現をするようになります。

②展開（スライドを用いて自分の考えを発表する）【ICT 活用ポイント●】

ここでは，数学を使って表現した表やグラフが実際の動きと対応しているのかを確かめる際に，GC を使います。そうすることで，生徒は表現したものが正しいものなのかを調べることができるようになります。

【考え①：表で表す方法】

時間	0	1	2	3	4	5	6	7	8
面積	0	1	2	3	4	4	4	4	4

4秒で点Qは点Cと重なるので，それ以降は，高さが同じ三角形なので同じ面積になります。よって，4秒までは増え続けて，それ以降は4のままです。

T　発表を聞いて，疑問に思ったことはありますか？

S　動いている点だから連続量になるので，表の縦の仕切りはいらないと思います。

T　発表を聞いて，見つけた数学のよさはありますか？

S　1秒ごとに面積を求めて，変化の様子がわかるようにした。

S　4秒以降は点が動いても面積が変わらないことを表していた。

S　表にすることで，変化と対応がよくわかる。

　ここでは，グラフにした考えを【考え①】と同様に，実際の動きと対応しているのかを確かめる際に GC を使います。そうすることで，生徒は表現したものが正しいものなのかを調べることができるようになります。

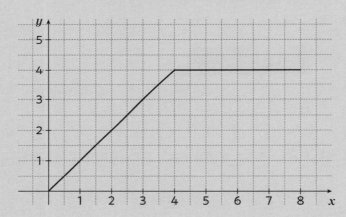

【考え②：グラフで表す方法】

　表をもとにグラフをかきました。4秒で点Qは点Cと重なるので，それ以降は，高さが同じ三角形なので同じ面積になります。よって，4秒までは増え続けて，それ以降は4のままです。

T　発表を聞いて，見つけた数学のよさはありますか？

S　0から4までのグラフは比例のグラフで $y = x$ になっている。

S　連続量なのでグラフの点と点を結んで考えていた。

S　4秒のところで変化の様子が変わることが可視化されていてわかりやすい。

T　発表を聞いて，疑問に思ったことはありますか？

S　４秒以降の式と，途中で変化の様子が変わるときの式の表し方を知りたいです。

T　４秒以降の式はどうなりますか？

S　変化していないことから，ずっと面積が４になっている。

S　面積が４ということから，$y = 4$で表現できる。

S　$0 \leqq x \leqq 4$のとき$y = x$で，$4 \leqq x \leqq 8$のとき$y = 4$と表せばいい。

③まとめ（思考ツールを使ってまとめる）【ICT活用ポイント◆】

　ここではこれまでに学習した内容を振り返るために，ロイロノート・スクールの思考ツールを使ってまとめさせます。そうすることで学習した知識を関連付け，概念化することができるようになります。

【生徒の授業日記】

表	式	グラフ
点の動きが変わる場所に着目すれば，それぞれの区間で調べることができる		
調べやすいようにするために，xの値が1ずつで調べるとよい	表やグラフから，2点を選び，式に表せばよい	調べやすいようにするために，xの値が1ずつで調べるとよい
変化の割合に着目すれば，どのように変化しているかが分かる	三角形の公式に当てはめて考えればよい	点と点を結ぶとき，式を見ればどのようなグラフになるのかを予想することができる

　変化の様子について関数を用いて表現するためには，点の動きが変わる場所に着目すればいいです。そうすることで，区間ごとに調べることができるようになります。

　また，変化の様子を表や，グラフ，式を用いて表現すればいいです。そうすることで，表だと具体的な値を知ることができるようになり，グラフだとどのような増加をするかを調べることができるようになり，式だと対応する関数関係を捉えることができるようになります。その際に，変域を用いるとわかりやすく表現できるようになります。

平面図形
全18時間

本単元における ICT 活用のポイント

❶ 指導の意義とねらいについて

「図形」指導の意義について，中学校学習指導要領（平成 29 年告示）解説　数学編では，

> 　我々は身の回りにある様々なものについて，材質，重さ，色などは除いて，「形」，「大きさ」，「位置関係」という観点から捉え考察することがよくある。このような立場でものを捉えたものが図形であり，それについて論理的に考察し表現できるようにすることが中学校数学科における指導の大切なねらいの一つである。

とされています（p.45）。

　特に，この平面図形では，小学校算数科において学習した平面図形の対称性に着目したり，図形を決定する要素に着目したりして，作図の方法を考察し表現することがねらいです。また，図形の移動に着目し，2つの図形の関係について考察し表現することや，図形の移動を具体的な場面で活用することを通して，図形の移動にも理解を深め，図形に対する見方を豊かにすることが求められます。

　以上のことから，以下のような取組が必要だと考えます。
1　角の二等分線，線分の垂直二等分線，垂線などの基本的な作図の方法について考察し，その方法について理解を深めるとともに，論理的に考察し表現する。
2　移動前後の図形の関係に着目できるようにすることで，図形の性質や関係を見いだし，平行移動，対称移動及び，回転移動について考察し表現することで理解を深める。
3　日常の事象を図形の形や大きさ，構成要素や位置関係に着目して考察し，その特徴を捉えることで，図形の性質や関係を用いて日常の事象の特徴をより的確に捉えたり，問題を解決したりすることができるようにする。

❷ 指導の問題点

問題点１：作図の方法を完成形でしか振り返ることができない

　従来の平面図形の作図の学習においては，生徒の手元には作図した結果しか残りませんでした。もちろん，どうしてそのような作図が正しいかを考察する上では，作図結果を用いるだけで十分です。しかし，特に作図方法がわからない生徒にとっては，どのような方法で作図できるのかを一つひとつ見ながら知ることも大切です。

　そして，これまでの学習についてはそれらを黒板上で行うことが多かったと思います。全体で一つひとつ見ることができますが，多くの場合，一回見ることで終わってしまいます。その結果，一回ですべてを理解できない生徒にとってはよくわからないものとなってしまいます。

問題点２：図形を移動させることが紙面上では困難である

　図形の移動の学習においても，紙面上では移動させたり，裏返したりなどをするためには，実物を用意してやらないとできません。しかも，それはあくまで制約のない自由な移動が可能となってしまうため，平行や回転といったイメージがつきにくくなります。

　もちろん，それらの移動を，直線やコンパスの軌跡によって可視化することはできますが，それは移動先が決まっていてはじめて行うことができるものです。これらのことから，移動の過程がイメージできない生徒にとっては，わかりづらい学習となってしまいます。

❸ 効果的な ICT 活用のポイント

　上記の問題を，ICT を以下のように活用することで解決することができます。

活用のポイント１：カメラ機能を利用した記録をする

　作図の授業において作図方法を振り返ることができることは，作図方法を習得したり，どうして作図が成り立つかについて考えたりするために必要です。そこで，それらをタブレットによって記録を行い，ロイロノート・スクールを利用して配信していきます。そうすることで，作図の方法はこれでよいのか，どうしてこの作図でかけるのかといったことを動画を見ながら考えることが可能となります。

　また，作図方法を発表する生徒にとっても，作図することが難しい黒板上ではなく，学習プリント上に行うことができるため，実際に考えてきた作図をそのまま行えばよいという点で，発表しやすくなります。

【発表された作図方法を確認する生徒】

活用のポイント2：動的幾何学ソフトウェアを活用する

　従来の学習でも活用されてきているかもしれませんが，図形の学習においては，動的幾何学ソフトウェアの活用が有効です。動的幾何学ソフトウェアは様々存在しますが，主に平面幾何の作図を得意としています。また，このソフトウェアを利用することで，作図を行った後に，点や直線などを動かして，作図したもの全体を変化させることができます。

　本校で主に利用しているのは，GC/html5です。GC/html5はブラウザ表示をすれば，機器を選ばずに使用することができます。マルチタッチ機能により，複数の点を同時に動かすことができるので，タブレットを用いた探究的な活動に向いています。例えば，図形の移動の学習については，図形をあらかじめつくっておくことで，移動のイメージをもたせたり，特徴を考えさせたりすることができます。また，デジタル教科書にも動的幾何学ソフトウェアが組み込まれており，あらかじめ用意された図で考えさせることも可能となっています。

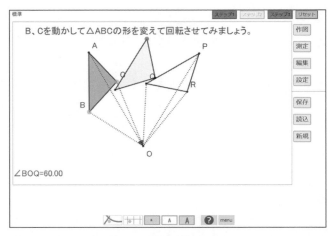

【令和4年度用　学習者用デジタル教科書（教材）　未来へひろがる数学1
p.155　コンテンツ（例2　回転移動）（啓林館）】

ICT を位置づけた
本単元の指導計画

❶ 単元の目標

> （1）直線や角，図形の移動，円やおうぎ形など平面図形についての基本的な性質について理解し，説明することができる。また，基本的な作図方法を用いて，条件を満たす図形を能率的に作図することができる。それから，おうぎ形の弧の長さや面積，中心角を能率的に求めることができる。
>
> （2）様々な図形の作図の仕方をひし形やたこ形，円やおうぎ形の性質などを根拠にして論理的に考察することができる。
>
> （3）図形についての観察，操作や実験を通して，様々な事象を図形として考え，図形の性質を考察したことをもとに，具体的な場面において主体的に取り組み，様々な解決方法を吟味し，よりよい考えを導こうとしている。

❷ 単元の評価規準

知識・技能	思考・判断・表現	主体的に学習に取り組む態度
・平行移動，回転移動及び対称移動について理解している。 ・線分の垂直二等分線，角の二等分線，垂線などの基本的な作図の方法を理解している。 ・おうぎ形の弧の長さと面積を求めることができる。	・図形の移動に着目し，2つの図形の関係について考察し表現することができる。 ・図形の性質に着目し，基本的な作図の方法を考察し表現することができる。 ・図形の移動や基本的な作図を具体的な場面で活用することができる。	・平面図形の性質や関係を捉えることのよさに気付いて粘り強く考え，平面図形について学んだことを生活や学習に生かそうとしたり，図形の移動や作図を活用した問題解決の過程を振り返って検討しようとしたりしている。

❸ 指導計画

時	学習内容	ICT 活用
1 〜 6	**【直線と図形・作図】** ・直線や距離について理解を深めること ・作図の方法について考察すること	【ICT 活用ポイント■】 【ICT 活用ポイント★】 【ICT 活用ポイント●】 【ICT 活用ポイント◆】
7 〜 11	**【円とおうぎ形】** ・円やおうぎ形について理解を深めること ・おうぎ形の弧の長さや面積について考察すること	【ICT 活用ポイント★】 【ICT 活用ポイント●】 【ICT 活用ポイント◆】
	(例) 2つのおうぎ形の面積はどちらが大きいでしょうか。 3cm　60°　　　60°　　3cm	説明した図を，ロイロノート・スクールを用いて提出させ，発表させる。
12 〜 16	**【図形の移動】** ・移動前後の図形の関係に着目し，図形の性質や関係について考察すること	【ICT 活用ポイント■】 【ICT 活用ポイント★】 【ICT 活用ポイント●】 【ICT 活用ポイント◆】
17 〜 18	**【図形の探究学習】** ・単元で学習した知識をもとに問題について探究し，図形の見方を広げたり，知識を深めたりすること	【ICT 活用ポイント■】 【ICT 活用ポイント★】 【ICT 活用ポイント●】 【ICT 活用ポイント◆】

『作図の方法について説明しよう』
（第3時）

❶ 問題

　点Pから直線ℓに垂線を引きます。どのようにすれば作図をすることができるか，その作図の手順を考えましょう。

　また，その作図方法でなぜ垂線が引けるのかについて，説明しましょう。

・P

ℓ ————————————————————————

　この問題に限らず，垂線，垂直二等分線，角の二等分線についてはまず，作図方法の習得を目指します。そして，習得した作図の過程が，それぞれどのような目的のために行っているのかに着目させ，その理由を説明させていきます。

　このように問題を扱うことによって，図形に対する興味を高め，図形の性質について直観的に捉え，その内容を論理的に考察し，表現することをねらいにできます。

❷ 本時における ICT 活用のポイント

　本時における ICT の活用は，作図方法の記録です。解決の場面で全体への発表を行う際に，生徒が作図する方法を，タブレットによって記録していきます。そして，その様子を大型ディスプレイに映し出すことで，作図している手元がわかります。

　次に，その映像を，ロイロノート・スクールを用いて全員に送ります。そうすることで生徒は必要に応じて映像を確認し，その作図が正しいか，その作図はどういったことを根拠にしているのか，わからなかった生徒にとっては，どうすれば作図ができるのかといった，生徒それぞれの学びを引き起こすことができます。

❸ 授業展開例

①導入（図を動かし見通しをもつ）【ICT 活用ポイント■】

導入ではまず，垂線に着目させていくために，以下の問題を提示します。

点Ｐが直線上を右に移動します。そのとき，線分 AP の
長さが一番短くなるときはどこかを考えましょう。

　ここでは，GC を用いて点を動かしながら，AP の長さが短くなることを確認していきます。変化を動的に確認させていくことで，AP が直線と垂直に交わるときに最も短くなることを視覚的に捉えることができます。

　次に，どうして，AP が垂直なとき，最も短くなることがいえるのかの説明を考えさせます。そのときに，AP がいくつもできるが，それらより垂線のときに短くなる理由を考えればよいことに気付かせていきます。そして垂線と他の AP，そして直線を見たときに，直角三角形ができることを気付かせ，直角三角形についてどのようなことがいえたか，小学校のときの学習内容を想起させます。その中で，「斜辺が他の２辺より長い」ことを確認します。

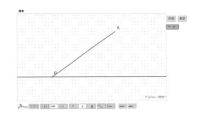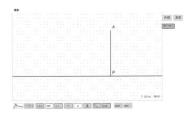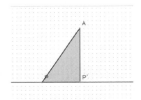

【GC を用いた問題の確認】

　このやり取りの目的は，根拠として図形を説明するために，自分の知っている図形を見つけ，それらをもとに説明していけばよいという考え方に気付かせていくためです。本時では，前時に行った垂線について，作図をすることを伝えます。まず，作図とは定規とコンパスのみを使用してかいていくことであることを伝えます。次に，❶の問題を提示し，作図をすることと，どうしてその作図が成り立つかについて考えることを目的とすることを伝えます。

②展開【動画で撮って確認させる】

　実際に作図を行い，その作図がどうして成り立つかについて
考察していく場面です。生徒が個人でかいてグループでやり取
りを行った後，全体で確認を行っていきます。

　全体で確認を行っていく場面では，タブレットを使い，作図
の様子を記録するとともに，その内容をロイロノート・スクー
ルで配付します。

【配付された動画】

【考え①：たこ形を利用した作図】

① 点Pから等しい距離にある点を2つ，直線ℓ上につ
　 くる。
② つくった2点から等しい距離にある点をつくる。
③ その点と点Pを結ぶ。
　 すると，結んでできた直線が，垂線となります。

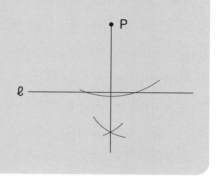

T　どうしてこの作図で垂線がかけるといえるのですか？

S　上下に2つの二等辺三角形ができるから…。

S　その二等辺三角形を引いた線で分けた2つの三角形が，3辺の長さが等しいので合同にな
　 るから。

S　合同な図形は，角も等しくて，一直線に並んでいるからそれぞれ90°になる。

T　なるほど。でも，二等辺三角形を最後に引いた線で分けたとき，どうして2つの辺は等し
　 くなるといえるのかな？

S　理由がないです。

T　そうだね。でも，合同な図形を根拠にすれば角度は等しいといえるね。他に合同といえそ
　 うな図形はないかな？

S　引いた線の左側と右側の三角形を見ると，2つの二等辺三角形と，重なった辺から合同で
　 あるといえる。

S　そうすれば，さっきの2つの三角形についても合同であるといえるから，角が等しいとい
　 える。

このようにして，作図の方法がどうして成り立つかと，等しい辺をもつ三角形に着目すれば，合同に気付くことができ，作図の根拠として使うことができることを確認しました。ただ，合同で説明することは難しかったので，他の根拠はないかと発問し，次の発表をさせました。

【考え②：ひし形を利用した作図】

さっきのA君の説明とほとんど一緒です。ただ，つくった2点から等しい距離にある点をつくるときに，さっき2点をつくったときと同じ長さで点をつくります。
その後については同じことをしていきます。

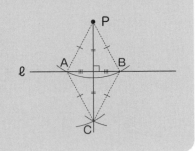

T　この作図をすると何が違うのかな？
S　さっきは，たこ形ができたけど，今回はひし形ができる。
T　ひし形ができると，どんなことがいえるのかな？
S　ひし形は対角線が90°で交わる性質がある。

このようにして2つの作図を取り上げ，作図の方法がどうして成り立つかについて考えていくことで，作図について考察することができます。なお，次時の授業では，垂直二等分線や角の二等分線の作図についても，同様に取り上げていきます。

③まとめ【ICT活用ポイント◆】

ここではこれまでに学習した内容を振り返るために，ロイロノート・スクール上にまとめを記述させ提出させます。そうすることで学習した知識を関連付け，概念化することができるようになると考えます。

【生徒がまとめた授業日記】

『三角形の移動について考えよう』
（第13時）

❶ 問題

①の三角形を他の場所に移動したい。
回転移動で動かせる場所は何箇所あるでしょうか。

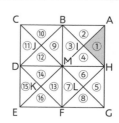

　平行移動，回転移動，対称移動を同じ図で学習することのできる問題です。平行移動については，それぞれの辺が平行移動のために作図する線となるため，気付きやすくなります。対称移動についても同様に考えやすくなります。回転移動については，回転の中心がそれぞれの図の頂点に目を向けてしまいますが，そうでない場所を中心としても回転できることから，回転の前後の関係に着目することができるようになります。

　この問題において重要なことは，移動先が何箇所あるかを考えることではなく，どのように移動先を見つけていくかを考えさせ，それを生徒の言葉で説明させていくことにあります。また，この問題だけを取り扱ってしまうと，すべての形が直角二等辺三角形だからこそ，移動先に当てはまるものまで，いつでも移動できてしまうと考えてしまう生徒がいます。今回の問題が，直角二等辺三角形であることにも着目できるように指導していくことが大切です。

❷ 本時における ICT 活用のポイント

　本時では，GC を用いることで ICT を活用し，移動を探す際にいろいろ試しながら回転移動の先を探します。ICT を活用しない場合，おそらくここが移動先だろうと確かめるために，かいて移動させることで正確性を担保するか，個々が中心となって個々に回転するといった内容を用意した図形の紙などで確認するだけになるでしょう。その点，回転の中心を決めたとき，回転がどのようになるのかを実際に試しながら行うことができるため，今回の問題のように，移動先の候補が多いものの中から見つける学習には効果があります。

❸ 授業展開例

①導入（回転移動について確認する）【ICT活用ポイント■】

　まずは回転移動がどのような移動なのか，
回転の中心とは何かについて，GCを用い
て確認をしていきます。

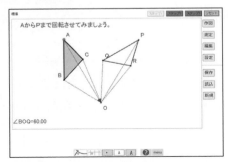

【令和4年度用　学習者用デジタル教科書（教材）
未来へひろがる数学1　p.155　コンテンツ
（例2　回転移動）（啓林館）】

②展開1（GCで問題について考えさせる）【ICT活用ポイント★】

　次に❶の問題を提示し，回転移動で移動できそうな先について一つ確認します。その際，ど
こを中心にすると回転移動ができるかを確認します。

　次に，GCを用いて，その移動が正しいことを確認します。その後，他の場所についても，
どこを中心にして，どこに移動することができるかについて探していくことを伝えます。そし
て，移動先を探したり考えたりしていくにあたってGCを用いてもよいことを伝えます。た
だし，絶対に使うのではなく，主に確認のために使用をさせ，GCを使わなくても，移動先を
見つけるにはどうしたらよいのかを意識させながら取り組ませるとよいです。課題解決の時間
を取り，個人で考えたり，グループ活動で移動先を確認したりしながら，課題解決をさせます。
その後，全体の場で回転移動で移動させられる箇所がどこであるかを確認していきます。

③展開2（移動先の見つけ方について考える）【ICT活用ポイント●】

　この問題の他に，平行移動と対称移動の
課題についても同様に取り組ませ，課題解
決をさせます。次に，3つの移動について，
どのように移動先を見つけることができる
かについて考えさせ，ロイロノート・スク
ールにまとめさせました。

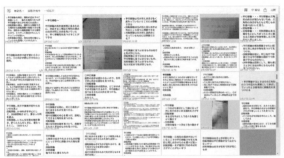

【提出された考え】

そして，他の生徒がどのような内容を書いているかを共有し，全体での確認を行いました。

T　それぞれどのようなことに着目したり考えたりすると，移動先を見つけることができますか？

S　平行移動については，三角形の向きが変わらないことがポイントです。

S　対称移動については，向きが真反対になったものかな。

S　対称の軸を見つけるといいよ。

T　他にはどうかな？

S　対応する点同士を直線で結んで，結んだ線が平行になると対称移動ができるってわかるよ。

T　回転移動はどうですか？

S　回転移動については，平行移動したもの以外すべてが当てはまります。

T　結果はそうでしたね。でも，この問題以外でもいいのかな？

S　今回はすべての形が直角二等辺三角形だったからいえた。

T　そっか。じゃあ，別の形でも平行移動したもの以外すべてっていえるかな？

S　…いえない。

T　では，もう少し違う視点が必要だね。

S　でも，平行移動のように簡単にいえない。

T　そうなんだ。でも，見つけていく上で，何かポイントとなることはないかな。

S　移動先になりそうな三角形は，もとの三角形と向きが変わっているものが候補。

S　中心を見つけることは難しいかな…。

S　今回のような問題だったら，一つ中心を見つけたら，それを利用するといいよ。

　このようなやり取りを経た後，回転移動についてはもう少し考える必要があるとわかり，回転移動の中心を見つけるためにはどうしたらよいかを考える時間を取りました。

④まとめ【ICT 活用ポイント◆】

　学習後，これまでに学習した内容を振り返るために，ロイロノート・スクールでまとめを記述させ提出させました。

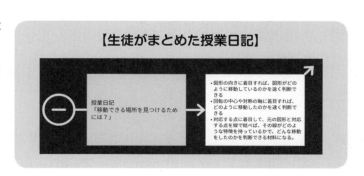

【生徒がまとめた授業日記】

『わからない点Pについて考えよう』
（第17時）

❶ 問題

（1）　点Ｐにはどのような性質があるか調べましょう。
（2）　点Ｐを作図するにはどうすればよいか説明しましょう。

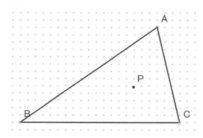

　GCを用いて点Ｐはどのような性質があるかを調べ，その性質をもつ点を作図するにはどのようにすればよいか説明することを目的とした問題です。生徒はこの単元を通して，GCの扱いにも慣れてくる頃です。生徒は，図を用いて変形することで点Ｐがどのように動くかを調べたり，△ABCを特殊な三角形にして調べたりすることでわかる性質から，点Ｐが内心であることに気付きます。そして，3辺から等しい距離にあることから，角の二等分線を作図することで点Ｐを作図することができるという説明ができるようにしていくことを目指します。

❷ 本時における ICT 活用のポイント

　本時におけるICTの活用は，GCを用いることで，点の性質を探究していくことです。図形を動的に見ることができるのが，GCのよさとなります。生徒がGCを操作し，いろいろな発見をしていく過程を楽しませることもこの問題のねらいの一つです。これまで紹介した実践は，タブレットを利用しなくても扱うことのできる問題でしたが，この問題はタブレットがなくては扱うことのできないものであり，図形ではこのような問題を扱っていくことで，ICT活用のメリットを最大限生かすことにつながります。

❸ 授業展開例

①導入（図形を GC を用いて示す）【ICT 活用ポイント■, ★】

　まずは，GC を用いて図形を示し，問題の(1)について確認をしていきます。

T　今日はこの図形をいろいろ変えていきながら，点 P がどんな性質をもった点なのかを調べてもらいます。調べてわかったことは，スクリーンショットをして，ロイロノート・スクールで提出できるようにしておきましょう。

　次に，URL を伝え，実際に GC で調べさせました。

②展開（移動先の見つけ方について考える）【ICT 活用ポイント●, ★】

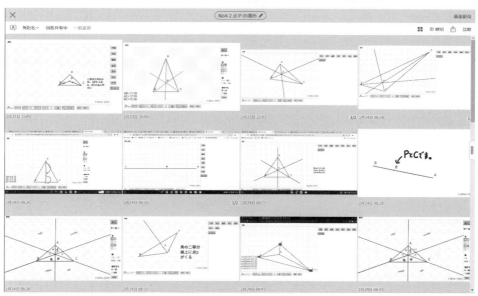

【提出された考え】

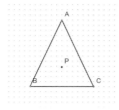

【二等辺三角形にした考え】

【三角形をつぶした考え】

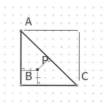

【直角三角形にした考え】

個人やグループ活動後，全体でどのような性質を見つけたかについて発表させ，共有していきました。

S　（前ページの【二等辺三角形にした考え】を見て）二等辺三角形にすると，点Aの下にくる。

S　（【三角形をつぶした考え】を見て）なんで三角形をなくしたの？

S　このときに点Aを動かすとどのように動くか調べたかったので。

S　（【直角三角形にした考え】を見て）直角三角形にするとすべての辺と長さが等しく，垂直に交わっているとわかる。

T　3つの辺に対して垂線を引くと，すべて等しい長さになりそうですね。他の三角形でもそうなることを確かめるために，どうすればいいですか？

S　うーん…。

T　難しいですね。では，すべて等しい長さということを考えるために用いるといい図形ってなかったかな？

S　円を使えば考えられる。

T　どんな円をかけばいい？

S　点Pが中心になる円。

　このやり取りの後，実際に円をかき，確認しました。

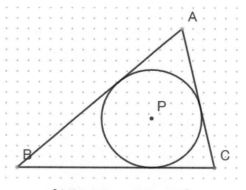

【内接円をかいて確認した図】

　この確認の後，問題の(2)を示し，作図方法を考えさせました。そして個人やグループ活動で，その内容について考えさせた後，全体で確認をしました。

T　どのようにすれば，点Pを作図することができますか？

S　∠A，∠B，∠Cのそれぞれの二等分線をかけばいい。

T　どうして角の二等分線をかくといいの？

S　角の二等分線は辺と辺からの距離が等しい点の集まりだったから。

S　角の二等分線を２本かけば，３つの辺から等しい距離にある点がかける。

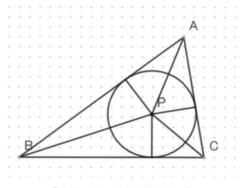

【気付いたことを確認した図】

T　角の二等分線を引いた図について，他にいえることはないかな？

S　角の二等分線が辺と垂直に交わる。

S　それって二等辺三角形のときとかしかいえない。

S　点Aから接点までの距離が等しくなる。

S　それって，なんでいえるの？

S　角の二等分線を引いたとき，角が３つ等しくて，辺が２つ等しいことがいえるので，三角形が合同になるとわかるから。

③まとめ【ICT 活用ポイント◆】

　学習後，学習した内容を振り返るために，ロイロノート・スクールでまとめを記述して提出させました。

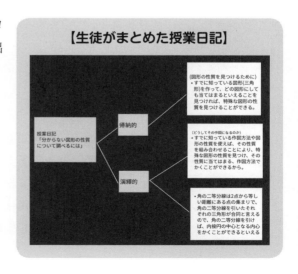

【生徒がまとめた授業日記】

空間図形
全19時間

本単元における
ICT 活用のポイント

❶ 指導の意義とねらいについて

「図形」指導の意義について，中学校学習指導要領（平成 29 年告示）解説　数学編では，

> 　我々は身の回りにある様々なものについて，材質，重さ，色などは除いて，「形」，「大きさ」，「位置関係」という観点から捉え考察することがよくある。このような立場でものを捉えたものが図形であり，それについて論理的に考察し表現できるようにすることが中学校数学科における指導の大切なねらいの一つである。

とされています（p.45）。

　特に，この空間図形では，小学校算数科において立体図形の構成要素に着目して学習した内容をもとに，空間図形についての理解を一層深めることを目的としています。小学校算数で立体図形として扱っていたものを，中学校数学では空間における線や面の一部を組み合わせたものとして扱うことに留意します。

　また，図形の性質や関係を直感的に捉えて，論理的に考察できるように，観察や操作，実験などの活動をして図形を考察していきます。図形を計量する場合についても，計算方法を導くだけでなく，図形について理解するための一つの側面として扱います。

1　空間における直線や平面の位置関係を知り，空間図形を直線や平面図形の運動によって構成されるものと捉えたり，空間図形を平面上に表現して平面上の表現から空間図形の性質を見いだしたりすることができるようにする。

2　おうぎ形の弧の長さと面積，基本的な柱体や錐体，球の表面積と体積の求め方を身に付け，立体図形の表面積や体積の求め方を考察し表現することができるようにする。

❷ 指導の問題点

問題点1：空間図形を平面で考えることが難しい

　空間図形の特徴を把握する上では，平面図形の視点で図形を捉えることが求められます。しかし，空間図形の学習では，生徒が空間図形は空間図形として考えてしまい，平面で捉えることのできない生徒もいます。その結果，平面での捉え方を見方ではなく知識として習得しようとし，結果，空間図形に対して多様な見方ができず，苦手意識をもってしまう生徒が現れるようになってしまいます。

問題点2：平面でかかれた図形を頭の中でイメージすることが難しい

　空間図形を扱う際，実物を見てイメージすることは容易であるといえます。しかし，問題を示すのに使われるプリントなどは，平面であることがほとんどです。そして問題では，図から見えない辺や頂点，切り開いたときの展開図などを頭の中でイメージする必要があります。

　このような問題においては，生徒自身はイメージができていると思っていても，実際に展開図をかくと，捉え違いをしてしまい誤った図を書いてしまうことがあります。

❸ 効果的な ICT 活用のポイント

活用のポイント1：画像を利用した図形の把握をさせる

　「図形」領域では，身の回りにある様々なものについて，「形」「大きさ」「位置関係」という観点から「図形」として捉え考察することが，大切なねらいの一つです。また，考察することで学習した図形の概念，図形の性質や関係について，平面図形の知識を利用し，関連付け，意味付けることが重要です。そのため，本単元では画像を利用した学習を行うことが有効です。

活用のポイント2：図形の見方を共有する

　図形に関するツールはいろいろ存在しますが，それらのツールによって図形を見やすくしても，どのような見方をすればいいか，どのように考えればいいかを知らなくてはいけません。そのような見方や考え方は，他の生徒の見方を知り，その内容に疑問をもったり，理解しようとしたりして，はじめて育むことができます。また，図形を実際にかき，かいた図形を用いて吟味させることも，有効な方法です。それらの学習を支えるため，ロイロノート・スクールを利用し，他の生徒がどのような見方をしているのかを共有していきます。

ICT を位置づけた
本単元の指導計画

❶ 単元の目標

> (1) 基本的な立体の特徴，空間における平面や直線の位置関係及び柱体や錐体，球の表面積や体積の求め方を理解し，説明することができる。また，基本的な柱体や錐体，球の体積，おうぎ形の弧の長さと面積及び柱体や錐体の表面積を能率的に求めることができる。
>
> (2) 空間における平面や直線の位置関係や，線や面による立体の構成，展開図，求積方法について，論理的に考察することができる。
>
> (3) 身の回りの空間図形について理解したことをもとに，具体的な場面において主体的に取り組み，様々な解決方法をもとに，よりよい考えを導こうとしている。

❷ 単元の評価規準

知識・技能	思考・判断・表現	主体的に学習に取り組む態度
・空間における直線や平面の位置関係を理解している。 ・基本的な柱体や錐体，球の体積と表面積を求めることができる。	・立体を線分や平面図形の運動によって構成されるものと捉えたり，立体を平面上に表現して，平面上の表現から立体の性質を見いだしたりすることができる。 ・立体の体積や表面積の求め方を考察し表現することができる。	・空間図形の性質や関係を捉えることのよさに気付いて粘り強く考え，空間図形について学んだことを生活や学習に生かそうとしたり，空間図形の性質や関係を活用した問題解決の過程を振り返って検討しようとしたりしている。

❸ 指導計画

時	学習内容	ICT 活用
1 〜 3	【空間内の平面と直線】 ・平面が一つに決まる条件 ・空間内の 2 直線の位置関係 ・空間内の直線と平面の位置関係 ・点と平面との距離，柱体や錐体の高さ ・空間内の 2 平面の位置関係	【ICT 活用ポイント●】 【ICT 活用ポイント◆】
4 〜 12	【いろいろな立体】 ・角錐，円錐とその頂点，底面，側面 ・多面体 ・角柱，角錐の特徴を見取図や展開図，投影図を使って捉えること ・正角柱と正角錐 ・円柱，円錐の特徴を見取図や展開図，投影図を使って捉えること ・平面図形を平行に動かしてできる立体 ・平面図形を回転させてできる立体 ・直線を平面図形の周に沿って動かしてできる立体 ・母線の意味	【ICT 活用ポイント■】 【ICT 活用ポイント★】 【ICT 活用ポイント●】 【ICT 活用ポイント◆】 【ICT 活用ポイント▼】
13 〜 19	【立体の体積と表面積】 ・角柱，円柱の体積の求め方 ・角錐，円錐の体積の求め方 ・球の体積の求め方 ・角柱，円柱の表面積の求め方 ・角錐，円錐の表面積の求め方 ・球の表面積の求め方	【ICT 活用ポイント●】 【ICT 活用ポイント◆】

『立体の特徴ごとにまとめよう』
（第5時）

❶ 問題

次のア～キの立体を，いろいろな見方で仲間分けしましょう。

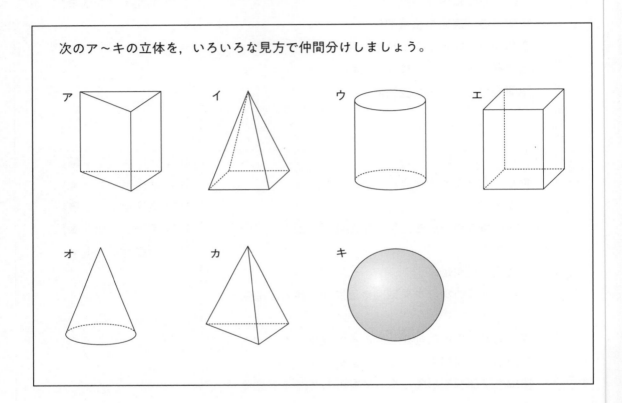

7つの立体を様々な視点で，仲間分けしていく問題です。生徒が見つけた視点で，どのように分けたかを説明させ，共有することで，他の生徒の図形の見方に対して興味をもたせ，同様の見方ができるようにしていくことをねらいとしています。

指導に際しては，図形をいろいろな方向から見ることを意識させ，複数の仲間分けができることに気付かせていきます。

❷ 本時における ICT 活用のポイント

　本時における ICT の活用は，仲間分けの画像をロイロノート・スクールで配付し，その中で仲間分けをさせていくことです。これまでの学習では，記号や言葉だけでの仲間分けが一般的です。しかし，タブレットを利用することで，画像でも仲間分けをすることができ，どのように図形を見ているのかが伝わりやすくなります。

❸ 授業展開例

①導入（ロイロノート・スクールを用いて図の配付）【ICT 活用ポイント■】

　まず，垂線に着目させていくために，問題の図を配付します。次に，いろいろな見方で，仲間分けをし，仲間分けした内容をロイロノート・スクールに提出することを伝えます。

　なお，図については，あえて不親切な図を示しています。特に球に関しては，わかりやすく円を示すのではなく，影を使って立体感を出しています。これは，生徒のイメージする力を発揮させ，様々な見方をさせる目的からです。

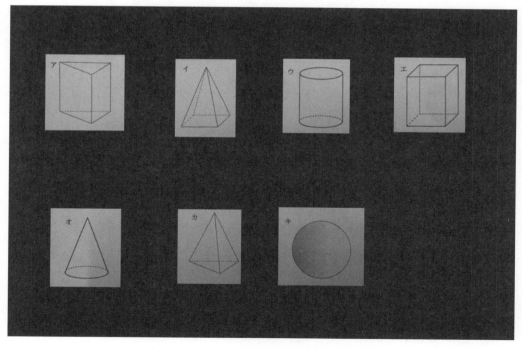

【ロイロノート・スクールで配付した問題の図】

②**展開（ロイロノート・スクールで考えを共有する）【ICT 活用ポイント●】**

　次に，個人で問題について考えさせます。考えを図で分けて，その分け方について説明するようにさせます。次に，グループ活動で，その見方を説明し，自分の見方が伝わるかを確認させます。その後，ロイロノート・スクールに提出させます。

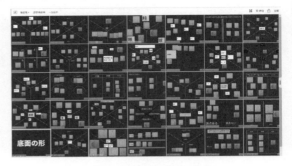

【提出された仲間分け】

　次に，学級全体で解決方法の確認を行います。発表された内容は，以下のようなものです。

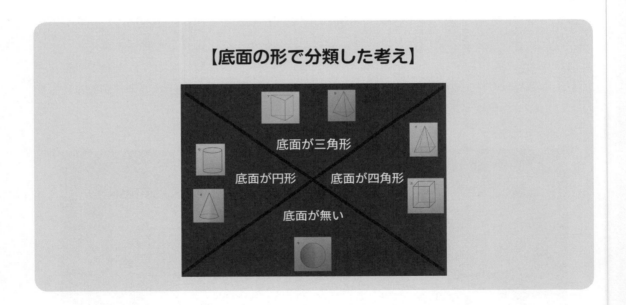

【底面の形で分類した考え】

底面が三角形
底面が円形　　底面が四角形
底面が無い

T　発表を聞いて，見つけた数学のよさはありますか？

S　底面の形を見て分類していました。

S　上や下から見ることで考えている。

T　これって立体をどのように見ていますか？

S　平面にして考えている。

T　そうですね。立体のものをそのまま説明するのって難しいので，平面の特徴で捉えるといいのですね。他に，面に着目した考えはありますか？

S　面の数でも分類できました。

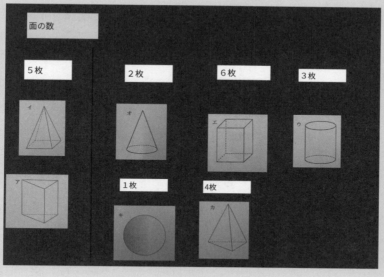

【面の数で分類した考え】

T 発表を聞いて，疑問はありますか？

S キは１枚なの？

S 切り開くと１枚になる。

S どこで切り開くの？

S 切り開くって考えると説明できない。

S 確かに。

T どうやって考えるといいですか？

　（近くの人と相談させた後）

S 辺で分けられていると２枚になるので，辺の数＋１と考える。

S 曲面には，辺がないので，一つの面として考える。

　このように，生徒の言葉で図形の捉え方について説明をさせ，見方を共有していきます。次に，教科書の内容にもある分類の考え方について取り上げます。

【柱・錐・球で分類した考え】

T　これは何に着目していますか？

S　図形の種類に着目していました。

T　それぞれどのような図形ですか？

S　柱は，底面がそのまま2つ重なった図形。

S　底面と側面が垂直。

S　底面が2つある。

S　錐は，底面があり，そこから出ている線が1か所に集まる。

S　周上から線が出ている。

S　底面が1つ，頂点が1つ。

S　球は面が1つ。

S　底面や，角，辺がない。

　この発表の後，ここまでに出た考え以外がないかを聞き，発表させました。

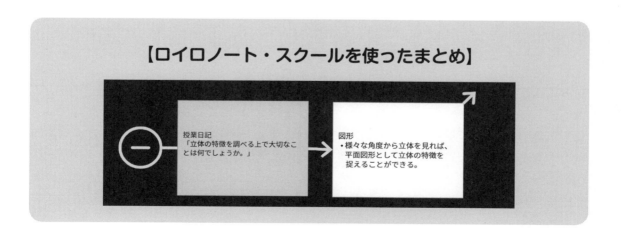

【断面で分類した考え】

- 立体図形を横に切ったときの断面は横に切る場所によって断面の大きさが変わるか変わらないか

変わらない

変わる

T　発表を聞いて，見つけた数学のよさはありますか？
S　図形を切って，その形がどうなるかを考えていた。
S　大きさが変わるかどうかを見ているが，形が変わらないことも説明していた。

　この考えの後，同じ形を積み重ねる見方について，共有をします。

③まとめ【ICT 活用ポイント◆】

　問題解決後，これまでに学習した内容を振り返るために，ロイロノート・スクールを使ってまとめさせます。

【ロイロノート・スクールを使ったまとめ】

授業日記
「立体の特徴を調べる上で大切なことは何でしょうか。」

図形
- 様々な角度から立体を見れば、平面図形として立体の特徴を捉えることができる。

『投影図がこんな図になる立体をつくろう』
（第7時）

❶ 問題

次の投影図があります。
この投影図になるような立体をつくりましょう。

　投影図の長さをもとに，展開図を作成させる問題です。立体の高さや辺の比がわかる投影図をもとに，立体をつくる際，その見方を誤ると立体をつくることができません。そこから，改めて図形について考えさせることで，見えている辺がどこについて表しているものかに気付かせます。そして，この学習を通して，投影図に対する深い理解ができるように指導していきます。

❷ 本時における ICT 活用のポイント

本時における ICT の活用については，まず導入の際の投影図の説明です。投影図については，ここではじめて学習しますが，その図がどのような図形を示しているかについては，そこまでハードルがないと考えます。そのため，その内容については，スライドなどを利用して簡単に行うとよいでしょう。

また，ICT の活用として，あえて活用方法を制限します。生徒には展開図をかき，提出箱に写真を撮って提出させますが，はじめは共有しません。そうすることで，図形の誤った見方をあえてさせることにつながり，それを取り上げることで生徒の図形の見方を高めていけると考えます。

❸ 授業展開例

①導入（スライドで確認する）【ICT 活用ポイント■】

導入ではまず，スライドで投影図について確認します。

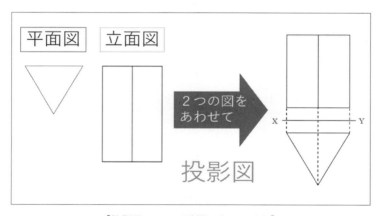

【投影図について確認したスライド】

スライドを使っていく目的としては，簡単に投影図について説明できるとともに，クイズのように図形を表示させていきながら，図形の見方について確認をしていけるからです。

T　これは何の図形を表していますか？
S　四角柱。

S　え〜。平面図が正方形だから，正四角柱だよ。

T　では，次は？

S　底面が円だから，円柱！

T　ちなみに，立面図も円だったら，どうなるかな？

S　球！

T　そうだね。立面図と平面図だけで，図形を推測することができるね。

　このように，スライドを示していきながら，立体を確認していくことで，次の問題へとスムーズに移っていくことができます。

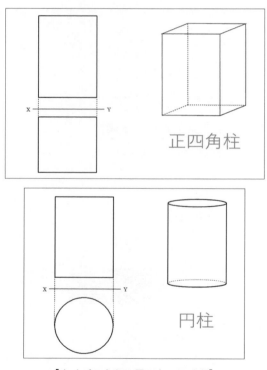

【クイズのように示したスライド】

T　ところで今から皆さんには，投影図に示された，ある図形の立体を紙でつくってもらいたいんだけど，紙を使って立体をつくろうとするとき，どんな図をかくといいかな？

S　組み立ててつくっていくから…展開図。

T　展開図をかけば，立体をつくることができるんだね。展開図をかいていくには，どんな情報が必要？

S　図形の辺の長さとか角度とか。

T　じゃあ，その情報についても，今から示す投影図から読み取ってかいてね。

②展開（ロイロノート・スクールで考えを共有する）【ICT 活用ポイント★】
　　（立体の確認をする）【ICT 活用ポイント▼】

　まず，個人で問題について考えさせた後，グループ活動を行い，どのような展開図をかけば
よいかを確認させます。その後，自分のかいた図をロイロノート・スクールに提出させます。
　次に，学級全体で解決方法の確認を行います。発表された内容は，以下のようなものです。

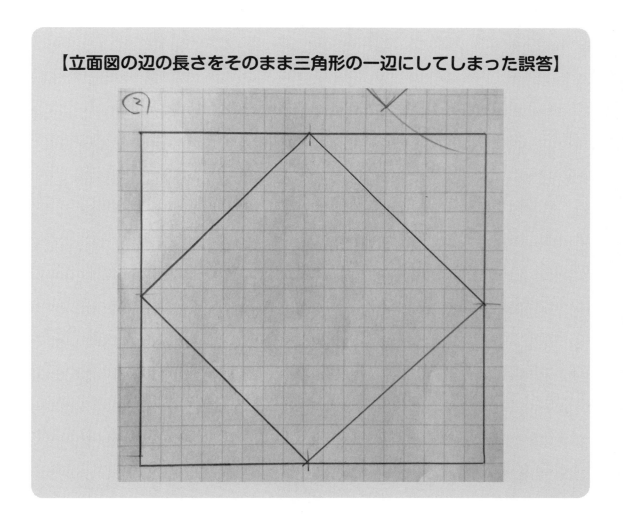

【立面図の辺の長さをそのまま三角形の一辺にしてしまった誤答】

T　発表を聞いて，疑問はありますか？
S　三角形の一辺の長さは，どこの長さ？
S　立面図の三角形の一辺の長さを使ったよ。

S これで，組み立てると，立体にならないんじゃないかな。

S でも，投影図の長さを使ったよ。

S 投影図の立面図は，元々立体のものを横から見たものだから，その面を表しているとは限らないよ。

S いまの展開図を組み立ててしまうと，立体ができないし，展開図としてはおかしいんじゃないかな？

　他にも誤答の図をかいていた生徒がいましたが，この図ではまずいことが認識され，もう一度グループ活動を取り入れました。その後，全体の確認で次のような考えが発表されました。

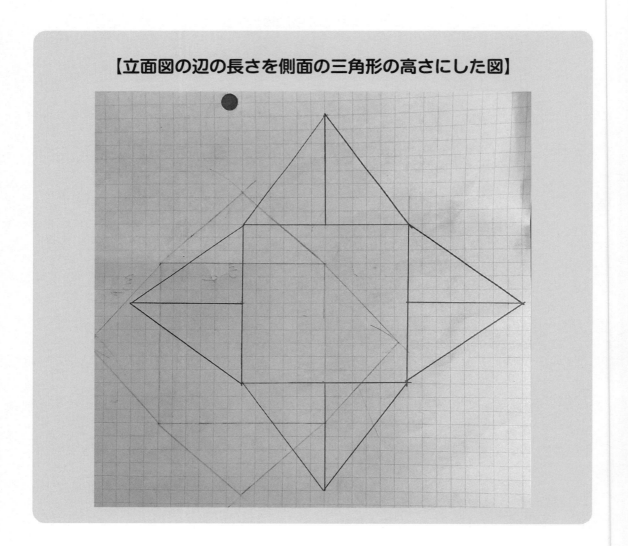

【立面図の辺の長さを側面の三角形の高さにした図】

T　発表を聞いて，疑問はありますか？

S　立面図の三角形の長さが，どこなの？

S　立体を正面から見たときの二等辺三角形の頂点から底辺までの距離。

S　側面の三角形の高さになる。

S　なんで？

S　正面から見ている三角形の辺は，面が重なって見えている。それを上から見ると，側面の一番短い部分になるので。

S　重なって見えるっていうのがよくわからない。

S　上から見ると三角形の辺になるところも，真横から見ると重なってしまうので，１つの直線になるんだよ。

T　なかなかうまく伝わらないようだね。今回の内容を伝えるために，これまで学習した図を使って紙面上で説明できないかな？

S　見取図を使えばいい。

T　それから，先ほどの説明は，どんなことを根拠に説明していたかな？

S　点と辺の最短距離が，垂線を引けばいいことを根拠にしていた。

③まとめ【ICT 活用ポイント◆】

　問題解決後，これまでに学習した内容を振り返るために，ロイロノート・スクールを使ってまとめさせます。

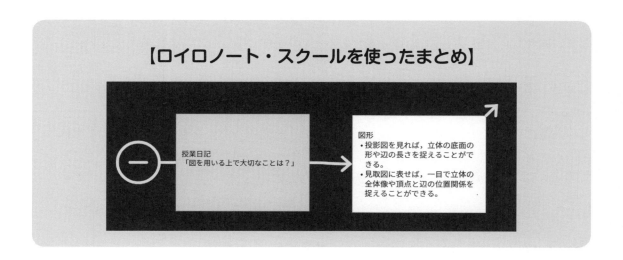

データの分析
全12時間

本単元における
ICT 活用のポイント

❶ 指導の意義とねらいについて

　私たちの身の回りには，不確定な事象が多く存在しています。そして，そんな事象に対しても，判断することが求められる場面に出会うことが多くあります。そのような場面においては，過去の事象をもとに，どのような可能性があるかなどを予想し，最適な選択肢を判断していく必要があります。

　また，社会生活において，相手を納得させるため，説得力のあるアピールが求められる場面があります。そこでは，自分がどのようなことをアピールしたいかを考え，その内容に合う説得力のある根拠を用意し，それらを相手に伝わりやすい表現を用いて，プレゼンテーションしたり，パフォーマンスを含めて表現したりしていきます。そして，相手の納得のいく根拠とし用いられるのが，データをもとにして表現された数値や図です。そのため，アピールをすることを目的とした学習も行っていく必要があるといえます。

　「データの活用」指導の意義について，中学校学習指導要領（平成 29 年告示）解説　数学編では，

> 　急速に発展しつつある情報化社会においては，確定的な答えを導くことが困難な事柄についても，目的に応じてデータを収集して処理し，その傾向を読み取って判断することが求められる。この領域では，そのために必要な基本的な方法を理解し，これを用いてデータの傾向を捉え考察し表現できるようにすることが中学校数学科における指導の大切なねらいの一つであり，統計的に問題解決する力を養うことにつながる。

とされています（p.54）。

　以上のことから，以下のような取組が必要だと考えます。

1　統計的に分析するための知識や技能を理解し，日常生活や社会生活の場面において問題を発見し，調査を行い，データを集めて表やグラフに表し，統計量を求めることで，現状や分布の傾向を把握したり，2つ以上の集団を比較したりして，問題解決や意思決定につなげる。

2　データの収集方法や統計的な分析結果などを多面的に吟味する。

❷　指導の問題点

問題点1：情報を集める場面で扱えるデータが少ない

　データの活用において，その学習を支えるデータを集めることはとても重要です。しかし，これまでの学習においては，情報を集めることにとても時間がかかったり，必要でも集められない情報があったりしました。その結果，これまでの学習では，データは与えられることが多いものでした。

　もちろん，知識・技能をねらいとした授業については，そのねらいを達成しやすいように，理想化されたデータを用いていくことは必要です。しかし，活用の場面に際しては，生徒が目的に応じたデータを集めて，その内容をもとに学習を行うことが，データの活用を主体的に学習していくためには有効です。

問題点2：情報を整理する場面でデータを処理する方法が少ない

　データの活用の単元において，大切な学習の一つはデータを処理することです。しかし，これまでもデータを処理する方法はいくつもありましたが，ICT 機器の不足や教師や生徒にとって適切なソフトウェアがなく，電卓のような機器で処理をして時間がかかったり，多くのデータを扱うことが難しかったりしました。

❸　効果的な ICT 活用のポイント

活用のポイント1：必要なデータを手軽に・詳細に集める

　そこで，データを収集するためのツールとして，ICT を活用していきます。データを収集するツールといっても，インターネットで検索をすることで，Web で公開されているので，それらのデータを入手するだけでも学習の幅が広がります。

　また，Google フォームなどのアンケート機能を利用してもよいでしょう。アンケート機能を使うことで，問題によっては，学年や学校全体でデータを集めて解決することも可能となります。

活用のポイント2：データ処理ソフトを活用してデータを処理する

　本単元では，データ処理ソフトを活用することが中核になります。データ処理ソフトについては，statlook（http://www17.plala.or.jp/matsugen/statlook(ver2.1)/statlook.xhtml，静岡大学・松元新一郎先生開発）や SGRAPA（https://sgrapa.com/，株式会社正進社）といった簡単に処理をすることのできるものから，Excel や Google スプレッドシートといった表計算ソフトまで，様々あります。

　ヒストグラムや度数分布表，2年の箱ひげ図といった内容でとどまる学習で使用したいといったことであれば，簡単に処理できるソフトで問題ないと思います。しかし，生徒の状況に応じて探究まで行うことを考えていくと，内容によって様々な処理をしたり，共同作業をしたりすることのできる表計算ソフトを用いていった方が，汎用性も高いと考えます。問題によってそれらを使い分けていくこともよいかもしれませんが，一貫して同じソフトを利用する方が，生徒の負担も少ないです。

　本校では，タブレットとして Chromebook を使用しているため，その中で最も使いやすい表計算ソフトである，Google スプレッドシートを利用して実践を行っています。

ICT を位置づけた
本単元の指導計画

❶　単元の目標

> （1）目的に応じて，能率的にデータを整理したり，整理したデータからその傾向や特徴を正確に読み取ったりすることができる。また，目的に応じたデータの収集や，整理の仕方及びデータの傾向や特徴の読み取り方について理解し，説明することができる。
>
> （2）データの傾向や特徴を読み取り，論理的に考察することができる。また，考察したことをわかりやすく説明するためにデータを活用することができる。
>
> （3）意欲的に目的に応じたデータを収集し，表やグラフに整理し，そのデータの傾向や特徴を読み取り，データを活用して考察したことをもとに，具体的な場面において主体的に取り組み，様々な解決方法を吟味し，よりよい考えを導こうとしている。

❷　単元の評価規準

知識・技能	思考・判断・表現	主体的に学習に取り組む態度
・ヒストグラムや相対度数などの必要性と意味を理解している。 ・コンピュータなどの情報手段を用いるなどしてデータを表やグラフに整理することができる。 ・多数の観察や多数回の試行によって得られる確率の必要性と意味を理解している。	・目的に応じてデータを収集して分析し、そのデータの分布の傾向を読み取り、批判的に考察し判断することができる。 ・多数の観察や多数回の試行の結果をもとにして、不確定な事象の起こりやすさの傾向を読み取り、表現することができる。	・ヒストグラムや相対度数などのよさに気付いて粘り強く考え、データの分布について学んだことを生活や学習に生かそうとしたり、ヒストグラムや相対度数などを活用した問題解決の過程を振り返って検討しようとしたり、多面的に捉え考えようとしたりしている。 ・多数の観察や多数回の試行によって得られる確率のよさに気付いて粘り強く考え、不確定な事象の起こりやすさについて学んだことを生活や学習に生かそうとしたり、多数の観察や多数回の試行によって得られる確率を活用した問題解決の過程を振り返って検討しようとしたりしている。

時	学習内容	ICT 活用
1〜6	【データの分析方法の取得】 ・目的に応じたデータの整理の仕方を考察する。 ・整理したデータからその傾向を読み取る。	【ICT 活用ポイント★】 【ICT 活用ポイント●】 【ICT 活用ポイント◆】

（例）以下は長座体前屈の記録です。中学1年生と2年生では、どのような違いがあるでしょうか。

A表（1年男子）

番号	長さ(cm)	番号	長さ(cm)	番号	長さ(cm)	番号	長さ(cm)
①	42	⑩	31	⑲	42	㉘	49
②	56	⑪	54	⑳	41	㉙	43
③	26	⑫	43	㉑	34	㉚	50
④	49	⑬	38	㉒	49	㉛	49
⑤	24	⑭	38	㉓	58	㉜	43
⑥	44	⑮	52	㉔	42	㉝	37
⑦	58	⑯	33	㉕	39	㉞	34
⑧	27	⑰	38	㉖	46	㉟	43
⑨	39	⑱	44	㉗	24		

B表（2年男子）

番号	長さ(cm)	番号	長さ(cm)	番号	長さ(cm)	番号	長さ(cm)
①	34	⑩	36	⑲	41	㉘	54
②	38	⑪	41	⑳	47	㉙	57
③	29	⑫	43	㉑	48	㉚	54
④	44	⑬	49	㉒	51	㉛	62
⑤	48	⑭	57	㉓	43	㉜	46
⑥	32	⑮	31	㉔	49	㉝	54
⑦	41	⑯	54	㉕	52	㉞	48
⑧	36	⑰	39	㉖	49	㉟	54
⑨	46	⑱	44	㉗	49		

課題解決後に、スプレッドシートを用いた代表値やヒストグラムの求め方について伝える。

時	学習内容	ICT 活用
7〜9	【データの分析方法の活用】 ・整理したデータからその傾向を読み取り、読み取ったことを活用する。	【ICT 活用ポイント★】 【ICT 活用ポイント●】 【ICT 活用ポイント◆】
10〜12	【データの分析方法を用いた探求】 ・問題を見いだし、その問題を解決するために、データを集め、それらを整理し、読み取ったことを伝える。	【ICT 活用ポイント■】 【ICT 活用ポイント★】 【ICT 活用ポイント●】 【ICT 活用ポイント◆】

『どのクラスが勝つか予想しよう』
（第7時）

❶ 問題

> 表は各クラスの大縄飛びの練習時の記録です。この5日間の練習の記録をもとに，どのクラスが優勝するのかを予想しましょう。

	記録（回）																			
	A組					B組					C組					D組				
1日目	14	9	14	22	18	12	20	21	13	14	22	11	25	18	22	17	14	13	26	17
2日目	9	12	15	22	19	12	17	20	16	26	17	23	13	22		19	17	18	18	
3日目	14	17	28	19	21	16	29	17	21	17	19	11	19	26	15	18	26	32	22	
4日目	19	21	29	24		14	19	27	16	21	23	32	17	23		28	18	24	19	
5日目	25	18	31	31	27	24	15	35	20	16	24	27	16	28	18	23	33	16	20	

　データの処理によって解が複数出てくる問題です。そして，その複数の解を複数出させることが，この問題を扱うポイントであるといえます。そのため，めあてを「データを処理し，処理した内容をもとに自分の考えを説明しよう」とし，これまで学習したデータの処理の方法を用いて，自分の考えを伝えていくことが授業の中心となるようにするとよいでしょう。

　様々なデータの処理を促すことで，自分の解決方法と比較したり，自分が用いなかった解決方法についても考えたりすることができ，データを活用して問題を解決していこうとする意欲を高めることにもつながります。

❷ 本時における ICT 活用のポイント

　本時では，データの何に着目したか，その着目した内容の特徴を引き出すために，ここまで学習した代表値や図に表すかを考え，結論を導く問題を扱います。その際，代表値や図を素早く処理したり，図に簡単に表したりするために，ICT を活用していきます。従来の学習では，データの処理を行うにしても時間がかかり，様々な解決をすることが難しかったです。しかし，

ICT を活用することで，活動を円滑に進めることができます。

　ICT を活用する際の方法については，この授業の前時までに学習したものを活用していくことが大切です。そのため，ここまでの学習では，汎用性の高い方法を選んでおけると，活動の幅が広がります。今回は，Google スプレッドシートを活用しています。

　問題を提示し，データを処理した後，その分布の傾向を読み取り，批判的に考察し，判断することを目的とします。一つのデータの処理だけでなく，生徒の実態に合わせて，時間の許す限り，いろいろな処理の方法を促していくことが，活用のポイントとなります。

❸　授業展開例

①導入（問題の把握）

　はじめに，クラス対抗の大縄跳び大会を行う場面を想起させ，大会の結果を予想しようとすることを伝えます。

T　大縄跳びで，どこのクラスが優勝しそうか予想しようと思うんだけど，予想するために，どんなことがわかると予想できるかな？
S　これまでどれだけの時間練習したか。
S　練習のときにどれだけ跳べたか。
S　練習のときにどれくらいの人が参加していたか。
T　では，そういった内容のわかる情報があれば，考えられそうですね。

　このようなやり取りの後，問題を提示します。

表は各クラスの大縄飛びの練習時の記録です，この5日間の練習の記録を基に，どのクラスが優勝するのかを予想しましょう。

記録（回）

	A組					B組					C組					D組				
1日目	14	9	14	22	18	12	20	21	13	14	22	11	25	18	22	17	14	13	26	17
2日目	9	12	15	22	19	12	17	20	16	26	17	23	13	22		19	17	18	18	
3日目	14	17	28	19	21	16	29	17	21	17	19	11	19	26	15	18	26	32	22	
4日目	19	21	29	24		14	19	27	16	21	23	32	17	23		28	18	24	19	
5日目	25	18	31	31	27	24	15	35	20	16	24	27	16	28	18	23	33	16	20	

【問題提示のためのスライド】

　次に，予想なので結論がそれぞれ違ってもよいこと，直感ではなくデータをもとに分析し，結論を導くことを確認します。

②展開（データを処理し，予想の根拠をつくる）【ICT 活用ポイント★】
　　（ロイロノート・スクールで考えを共有する）【ICT 活用ポイント●】

　ここは，与えられたデータを処理し，予想の根拠にしていく場面です。これまでの学習で，ICT を活用したデータの処理方法を学習している場面となりますが，スプレッドシートなどのソフトの使い方についてはすぐに使えるようになるわけではありません。そこで，この場面では，問題解決の過程で，グループ活動で相談しながら解決していってもよいことを伝えておきます。

　また，スプレッドシートなどを用いれば，ヒストグラムや度数分布多角形をつくることもできますが，そこについては，学習プリントへの記述でよいことを伝えます。そうすることで，処理の早さや正確さを意識してよりよく解決を進める方法を考えることができ，時間を確保しながら学習をすることにつながります。また，処理については，一種類だけでなく，できるだけ多くのことをやってみることを促します。そうすることで，一つの根拠だけでなく，複数の根拠を組み合わせた予想をしたり，見方を変えると，違う予想になることに気付かせたりすることを促します。

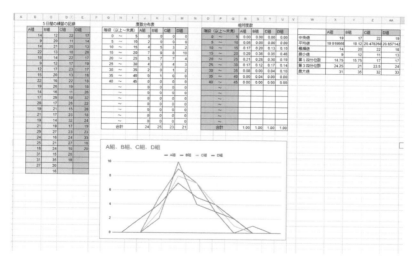

【生徒がつくったスプレッドシート】

　なお，スプレッドシートについては生徒の実態に応じて，枠をあらかじめつくっておくと，処理については自分たちで行っていくことができます。少なくとも，各クラスの5日間の練習の記録については，処理のしやすいように，縦1列に並べておき，処理をするところから始められるようなファイルを与えるとよいでしょう。

　次に，その処理によって予想した内容を発表できるように，ロイロノート・スクールによって提出させます。

【考え①：代表値をいくつか求め，それらを比較して予想した】

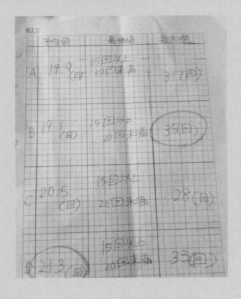

　平均値と最頻値，最大値をそれぞれ求め，その値をそれぞれ比べてより多くの代表値が
よい結果のクラスを選ぼうと思いました。平均値を求めると，D組が他より大きい値であ
ることがわかりました。次に，最頻値に該当する階級を調べると，どのクラスとも変わり
ませんでした。そして，最大値を求めると，B組が最もよい記録を出したことがあるとわ
かりました。そこで，それぞれよい部分のあった，B組とD組を比べたとき，平均値の差
は2.2回，最大値の差は2回とわかりました。

　その結果から，平均値の大きい，D組を選びました。

T　発表に対して，疑問はありますか？

S　どうしてBもよい結果の部分があるのに，Dを選んだの？

S　Bの平均値は19.1で，いくら最大値が35でも，平均19.1を下回ることもあるから。

S　平均で判断することで，安定性という視点で，予想をすることができる。

T　この考えのよさは何ですか？

S　3つの数値を比較することで，1つよりも説得力がある。

S　平均値，最頻値，最大値というそれぞれ数値で比較できるものなので，比較しやすい。

S　平均値で比較した理由が，納得しやすい。

S　それぞれの数の性質をもとに，BとDのうち最終的な判断をしたのが納得できる。

【考え②：平均値をもとに折れ線グラフに表し，この先を予想した】

　それぞれの練習日ごとの平均をまず求めました。値については小数第1位を四捨五入して，整数にしました。

	A	B	C	D
1日目	15	16	20	17
2日目	15	18	19	18
3日目	20	20	18	25
4日目	23	19	24	22
5日目	26	22	23	23

　そして，その結果を折れ線グラフにして，どれだけ上がっているかを比べました。その結果，Aは他のに比べ2回目からどんどん上がっています。

　このことから，Aが優勝すると予想しました。

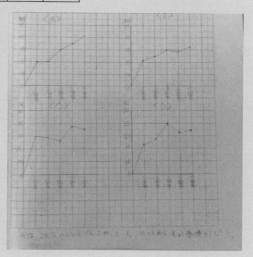

T　発表から，見つけた工夫やよさはありますか？

S　5日間に分けて，それぞれ平均を求めていることで，成長という視点をつくっていた。

S　折れ線グラフに表すことで，成長の判断がしやすい。

S　折れ線グラフで平均がどれくらいなのかも，一目でわかる。

T　よりよくする点はありますか？

S　せっかくグラフにして比較をしているので，重ねて表すと，より比較がしやすいと思う。

【考え③：練習日ごとに色分けしたヒストグラム】

　練習回数を，それぞれ階級に分けてヒストグラムに表しました。

　ヒストグラムに表すときは，いつの練習で出た記録なのかがわかるように，色分けをして表し，考えました。

　このヒストグラムを比べた結果，A組が優勝するのではないかと思いました。

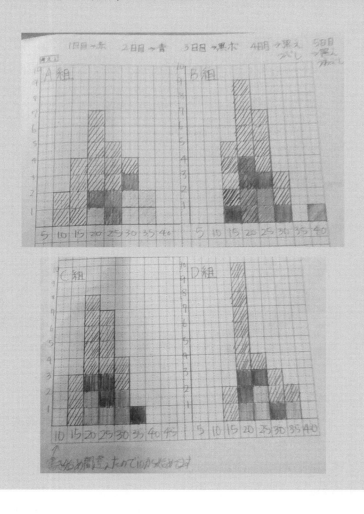

T　発表に対して，疑問はありますか？

S　このグラフの階級の範囲で，例えば，Aの5の一つ目の部分は5〜9？　5〜10？

S　これは，5以上10未満でかいている。

S　今回の結論って，どうやって考えたの？

S　5日目の結果で見ていた。

S　それって，ヒストグラムの意味あるの？

T　今回の場合は，ヒストグラムをどのように見るとよかったのかな？

S　最頻値はどこかがわかりやすいので，それで比べるとよかった。

S　全体にどこから，どこまでに収まっているかを見るとよかった。

S　どこにどれくらい集まっているかという分布で比べるとよかった。

T　今回の考えのよさは何ですか？

S　ヒストグラムを色分けすることで，何日の記録であるかもわかる。

S　範囲の目盛りの位置を揃えたので，比べやすい。

S　ヒストグラムなので，5日間をまとめたものとして，見た目で比べられる。

③まとめ【ICT 活用ポイント◆】

　ここでは，これまでに学習した内容を振り返るために，ロイロノート・スクールの思考ツールを使ってまとめさせます。そうすることで，学習した知識と知識を関連付けすることができるようになります。なお，本校の授業では，2年の範囲である箱ひげ図についても用いた生徒がいたため，まとめの内容に箱ひげ図が入っています。このことから，このように結果を予想する問題については，2年のデータの活用で取り上げることもできる内容です。

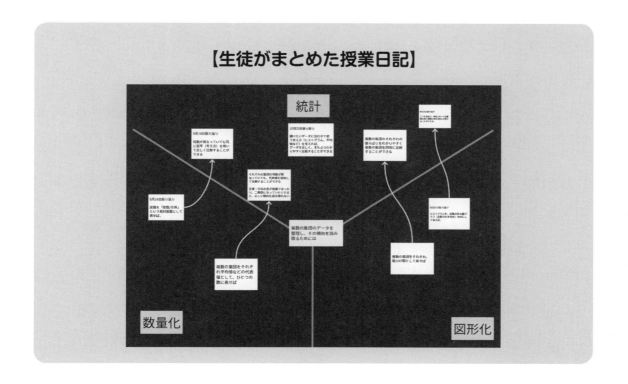

『お弁当を企画しよう』
（第10時）

❶ 問題

　まっつもっと弁当の開発部では，本年度の学校祭のテーマ「SDGs」に協力するため，今販売している弁当を改良し，SDGs に配慮した新たな弁当を考えています。

　開発するにあたって，新たな弁当がどのような点で SDGs に配慮されているのかを説明しなくてはいけません。

> 　自分たちの考えた弁当が，SDGs に配慮した弁当であることを説明するためには，どうしたらよいでしょうか。

　この問題は，これまでの学習をもとに問題を解決するに当たって，どのような方針で解決していくかを決め，必要な情報を集め，処理を行い，その処理した内容からわかったり判断したりして，自分の考えをつくり，伝えていくことを目的とした内容となります。

　ポイントとしては，この問題に取り組ませる際は，個人ではなく，グループ活動で行います。データを集めるにも，一人で探すことは何を探せばよいかや使うデータは適切かといった判断が難しいです。また，データの量についてもとても多くなってしまい，処理に時間がかかります。考えをまとめて説明していくにも複数の視点が必要なため，グループ活動で行うとよいでしょう。

　この問題については，教科等横断的な学習の側面をもたせています。まず，弁当屋を題材にすることで，栄養面について目を向けさせることにつながり，家庭科での知識を活用させることができます。実際に本校で行った際も，同時期におかずについて考える授業が行われていたため，その知識を用いていた生徒もいました。

　また，SDGs についても，本校の総合的な学習の時間や学校祭のテーマとして扱っていた内容です。このように，データの活用については教科等横断的な学習が行いやすいものとなっています。そのため，学校の実態に合わせて目標を設定しながら，学習を進めていけるとよいでしょう。

❷ 本時における ICT 活用のポイント

本時についても，データの何に着目したか，その着目した内容の特徴を引き出すために，代表値や図に表すかを考え，結論を導く際に ICT を活用して問題を扱います。そして，扱うデータについては，自分たちの目的に必要なデータを探させていきます。

特に，今回の問題は，自分たちの考えを主張するために，データを利用します。そのため，データを一度代表値などに置き換え，取捨選択していくことが求められます。しかし，すべての情報を探させると，授業時間がいくらあっても足りません。そのため，基本のデータについては，スプレッドシートのデータとして，処理しやすい状態にした上で与え，その情報以外に必要な情報を集めるようにさせるとよいでしょう。

解決の際には，スプレッドシートで処理をしていきますが，ICT の処理をどこまで利用させるかについては，生徒の状況に合わせて選ばせるとよいでしょう。また，解決方法の発表準備には，Google スライドを利用していきます。紙面で準備して，写真を撮りスライドに載せてもよいですし，Google スライドに直接書き込んだり，スプレッドシートのグラフを貼ったりすることもできます。何より，Google スライドを利用することで，共同編集を行うことができます。もちろん，スプレッドシートやドキュメントなども共同編集を可能としますが，Google スライドを利用することで，ページ毎で担当がしやすく，他の生徒の作業を邪魔することなく発表準備を行えることがよい点です。今回の問題の扱い方のように，グループ活動を基本として活動をする際には，Google スライドを利用することが有効でしょう。

❸ 授業展開例

①導入（問題解決の見通しをもつ）【ICT 活用ポイント■】

学校祭のテーマが SDGs であることを想起させた後，その中で弁当屋として今ある弁当を改良し，SDGs に協力するための計画を立てている状況について説明します。そして，「SDGs」の視点で新しい弁当をどのように考えていけばよいかを考えていくことを伝えます。

次に，「SDGs の視点で弁当を提案するのなら，どのような内容で考えることができそうですか？」と問いかけ，問題解決に向けた共通理解を図ります。

T　弁当で貢献できそうな内容は何がありますか？
S　弁当をつくりすぎないことで，環境問題やフードロスの問題に取り組める。
S　容器について改善することで，プラスチック問題に取り組める。

S　栄養のある弁当で，健康に貢献する。

S　地域の物を使用することで，地産地消や貧困問題に取り組める。

　ここで，弁当屋として，まず取り組みやすい「栄養のある弁当」に取り組んでいき，さらに，他のSDGsの内容にも取り組めそうであれば，それらを取り入れて提案していくことを伝えます。また，栄養に関するデータがあることを伝え，どのようにして提案を進めていくのかを，これまでの学習をロイロノート・スクール上にある授業日記で振り返らせ，どのような内容が使えるかを考えさせます。

【これまでの授業日記】

T　どのような数学の知識を使っていくとよさそうですか？

S　改善前と改善後を比較できるように，ヒストグラムや度数分布多角形といった図形化の考えを活かしていくとよい。

S　平均値などの値を求めることで，他店と比較することができる。

S　データを階級ごとに分けることで，全体の値段や栄養について調べることができる。

②展開（データを処理し，提案をつくる）【ICT活用ポイント★】
　　　（ロイロノート・スクールで考えを共有する）【ICT活用ポイント●】

　ここは，与えたデータや目的に応じて探したデータを基に，処理したり，表現したりして，提案をつくっていく場面です。与えるデータについては，実際に存在する弁当屋のデータを教師が事前に収集し，それらを活用できるようにスプレッドシート上にまとめておきます。

商品名	ライスの量	熱量 (kcal)	蛋白質 (g)	脂質 (g)	炭水化物 (g)	糖質 (g)	食物繊維 (g)	食塩相当量 (g)	カリウム (mg)	リン (mg)	価格 (円)
洋風バラエティ弁当	ライス普通盛	884	27.7	32.4	124.7	115.9	8.8	3.4	579	348	530
野菜が摂れるスパイスカレー	ライス普通盛	685	15.5	21.4	113.8	101.5	12.3	3.6	668	237	490
幕の内弁当(なす味噌炒めとさばの塩焼き)	ライス普通盛	746	30.1	26.3	102	93.2	8.8	3.8	568	340	590
肉野菜炒め弁当	ライス普通盛	646	22.7	16.9	106.3	95.8	10.5	4.3	895	288	520
特撰幕の内弁当	ライス普通盛	769	27.6	29.9	101.3	94	7.3	4.3	373	341	790
特のりタル弁当	ライス普通盛	901	25.2	35.9	123.2	114.9	8.3	3.6	497	282	420
特から揚弁当(6コ入り)	ライス普通盛	982	47.1	39.3	113.4	107.2	6.2	4.4	800	539	490
大判カルビ重	ライス普通盛	722	19.7	27.9	101.1	95.1	6	2.9	324	181	590
親子丼	ライス普通盛	689	30.6	19	102.1	95.8	6.3	4.3	532	290	460
彩・鮭わかめ弁当	ライス普通盛	523	24.2	13	80.9	73.7	7.2	2.8	343	286	890
彩・牛しぐれ煮弁当	ライス普通盛	545	17.6	16.3	85.3	78.6	6.7	2.8	290	180	460
高菜弁当	ライス普通盛	597	20.8	14.1	100.9	92.8	8.1	3.6	255	208	430

【スプレッドシートの弁当の栄養データ（ほっともっと・HP のデータをもとに筆者作成)】

また，料理によって基本的な栄養成分が調べられるサイト（イートスマート「カロリー・チェック」 https://www.eatsmart.jp/do/caloriecheck/index）についても伝えておきます。その他，年齢や性別に応じた必要栄養成分の量がわかるサイトや，様々な統計のデータが調べられるサイトなどについても紹介し，必要に応じて使うように促します。

【イートスマート「カロリー・チェック」】

解決についてはグループをつくらせ，グループ活動をさせて行わせるようにしました。そうすることで，より多くの情報を整理し，よりよい問題解決ができるようになると考えたからです。しかし，ただグループ活動をさせてしまうと，データの活用をしない生徒も出てくる可能性があります。そのため，生徒それぞれが少なくとも一つデータを探し，それを処理し，解決に生かすようにさせました。

また，その処理によって提案する内容を発表できるように，Google スライドにまとめさせ，その PDF データをロイロノート・スクールによって提出させました。Google スライドを利用させることにより，解決のためにデータを処理してわかったことを，他の生徒の処理を待たずに同時にまとめることができるからです。

そして，そのスライドの内容を，最後 PDF で提出させることによって，他の生徒には Google スライドの内容を編集されずに，他の生徒へと示すことができるようにするためです。すべての班の解決方法が提出された後，どのような解決方法ができたかを，それぞれ発表させました。次の内容は，その中の１班の考えです。

【ヒストグラムで栄養素の問題を捉え，改善した考え】

　中学生の女性をもとに，弁当を分析してみると，エネルギー960kcal，タンパク質20 g，必要カロリーの炭水化物57.5%，脂質25%が理想的なバランスであるとわかりました。それらの数値と比較するために，それぞれの栄養素をヒストグラムに表すと，多くの弁当がその栄養素を満たしていないことがわかりました。

　そこで今回は，この弁当屋で人気のあるのり弁当を改良し，理想的な弁当に変更することとしました。のり弁を選ぶことで，幅広い世代に人気の商品のため，売り上げが上がり，材料の廃棄を減らすことにつながると考えました。改良したのが右のようになります。値段は上がりますが，他の弁当と変わらないくらいになります。

　また，図のようにこれまでののり弁と比べ，ほとんどの項目で，理想とされる栄養成分と変わらない弁当をつくることができます。

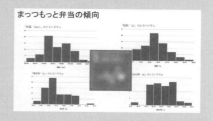

まっつもっと弁当の傾向

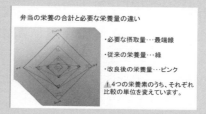

弁当の栄養の合計と必要な栄養量の違い

・必要な摂取量…最端線
・従来の栄養量…緑
・改良後の栄養量…ピンク

⚠4つの栄養素のうち，それぞれ比較の単位を変えています。

T　発表から，見つけた工夫やよさはありますか？

S　栄養について具体的に調べていた。

S　レーダーチャートやヒストグラムをもとに，栄養が足りているかの判断をしていた。

S　レーダーチャートで改良前後を示しており，改良後がよくなっていることがパッと見てわかるようにしていた。

S　値段についても，改良前後を表に表しており，わかりやすい。

S　ヒストグラムで弁当全体がどのような傾向であるのかをわかりやすく示している。

T　発表について，疑問点はありますか？

S　今回改善した弁当の具体的なカロリーは？

S　約1000kcal になりました。

S　元々の弁当よりだいぶ高くなっているけど？

S　今回は栄養素を変えるだけでなくなるべく材料を国産のものに変えたので，高くなった。でも地産地消の視点に取り組むこともできる。

③まとめ（発表した内容からの改善点について考える）【ICT活用ポイント◆】
　　　（学習して学んだことについて考える）【ICT活用ポイント◆】

　発表後，提案した内容を改善し，もう一度提案するとしたらどのようにして改善していくかについて，数学の視点とSDGsの内容に触れて考えさせました。時間によってもう一度取り組むことは難しいかもしれませんが，このように改善していくべき内容をまとめさせることで，他の班の発表のよさについて整理したり，自分の班の発表を批判的に考察したりすることを促すことができ，データの活用で学習した知識をより深い知識へと変えていくことができます。

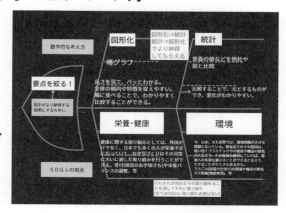

【ロイロノート・スクールで整理した内容】

　この問題においては，これまで学習したことを活用して，問題を探究してきました。このような問題を行う際の振り返りについては，授業中にどのようなことを考えながら学習を進めてきたかについて振り返ることがよいでしょう。このような内容を書かせることで，今回の学習がどのようなことに有効であったかを自覚させ，今後どのように学習を進めていくとよいかについて考えることができるようにします。また，今回の学習が今後どのような場面で生かせそうかを書かせます。そうすることで，日頃の数学の学習に限らず，生徒の生活場面において，意識的に数学的な考え方を発揮しようとすることを促すことができます。

【これまでの授業日記】

No6 授業日記
　今回の学習でどのようなことを意識して学習してきましたか

○　弁当の計画をつくるまで
　・とにかく正確に，正しく
　・詳しく，たくさんの情報(データ)を⇒図形化する
○　他の班の考えを聞いていたとき
　・視点が多すぎて，長々しいとわかりにくい
　・視点ばかりにとらわれずに，数学的な考え方を活用している方が納得できる。
○　フィッシュボーンで計画を見直していたとき
　・データや視点を並べても，分かりづらく，納得してもらえなければ意味がない⇒要点を絞る！
　・SDGsに関しても，数学的な考え方に関しても，その場に合ったものに取り組んだり，活用したりすればできることが増えるし，納得してもらえる。

今回の学習は今後どのような場面で活かせそうですか。

相手に納得してもらう説明にするためには，
要点をしぼること，また比較をすることが重要だと考えた。
この考え方は，数学での発言を含む，学校等の発表の他，日常的な会話でも活用できる。

　理由
[要点を絞ること]
思っていることや事実をただ長々と伝えるだけでは相手はどこが重要なのかもわからないし，まず話自体を理解できないかも知れないけれど，要点を絞って重要な部分のみをこちら側が選択することで，わかりやすく伝えることができるから。
[比較をすること]
現状や自分だけを伝えてもわからないけれど，
前や他と比較をすることで，具体的な変化や違いをわかりやすく伝えることができるから。(1位なども比較に入る)
相手に納得してもらうためには＝伝えたいことだけをわかりやすく伝える。

【編著者紹介】

飯島　康之（いいじま　やすゆき）

1959年埼玉県生まれ。筑波大学第一学群自然学類卒業，同大学博士課程教育学研究科単位取得退学（教育学修士）。1987年上越教育大学助手，1989年愛知教育大学助手。助教授を経て，2005年教授。1989年に作図ツール Geometric Constructor（GC）の DOS 版を開発。その後，Windows 版，Java 版を経て，最新版は GC/html5（2010-）。現在，GC/html5は著者のサーバで自由に使える他，啓林館のデジタル教科書のコンテンツにも利用されている。

【執筆者一覧】

近藤　義晃（こんどう　よしあき）
前　愛知教育大学附属名古屋中学校教諭
現　瀬戸市立にじの丘小学校教諭

松元　裕樹（まつもと　ゆうき）
愛知教育大学附属名古屋中学校教諭

西原　大貴（にしはら　ひろき）
愛知教育大学附属名古屋中学校教諭

中学校数学サポートBOOKS
ＩＣＴ活用を位置づけた
中学校数学の授業モデル　１年

2022年10月初版第1刷刊　©編著者　飯　島　康　之
　　　　　　　　　　発行者　藤　原　光　政
　　　　　　　　　　発行所　明治図書出版株式会社
　　　　　　　　　　http://www.meijitosho.co.jp
　　　　　　（企画）赤木恭平（校正）宮森由紀子
〒114-0023　東京都北区滝野川7-46-1
振替00160-5-151318　電話03(5907)6701
ご注文窓口　電話03(5907)6668

＊検印省略　　　　　組版所　藤　原　印　刷　株　式　会　社

Printed in Japan　　　　　ISBN978-4-18-101782-8
もれなくクーポンがもらえる！読者アンケートはこちらから